U0504258

以汉语教学为背景的语篇衔接成分研究

周利芳 著

创于1897
The Commercial Press

教育部人文社会科学研究规划基金项目（12YJA740118）
优秀结项成果

陕西师范大学中国语言文学"世界一流学科建设"成果

陕西师范大学优秀学术著作出版基金资助

陕西师范大学国际汉学院学科建设经费资助

目 录

Contents

下编　语篇衔接成分释例

上编

理论、辨析篇

第一章

语篇及语篇衔接成分概说

本章提要：语篇包括话语和篇章，语篇衔接成分指语篇中将连续的上下句和会话中双方（及本人）的话段衔接起来的成分。本章简略回顾语篇及其衔接问题在国内外研究的现状，从现代汉语和对外汉语教学实际出发，将语篇衔接成分分为 4 类：肯定与否定，因果，承接，逆转；讨论了它们在书面语和口语中的共性和个性，考察了语篇衔接成分的性质与特点。

关键词：语篇　衔接成分　研究　分类　性质　特点

一、语篇及语篇研究的意义和现状回顾

（一）什么是语篇

语篇包括话语（discourse）和篇章（text），语篇衔接（cohesion）成分指语篇中将连续的上下句和会话中双方（及本人）的话段衔接起来的成分。衔接成分是达到语篇连贯的重要手段。本书的语篇既包括书面语，也包括口语，是将两者打通进行考察的研究。

语篇衔接成分指在语篇中起连接作用的语言成分，如连词、话语标记等。语篇衔接成分从它所发挥的作用、功能的角度，可以称为语篇衔

接手段。

本书以语篇为范围，以语篇衔接成分为对象。研究取向是为实际应用服务，尤其是针对对外汉语教学的实际应用。

（二）语篇衔接成分研究的意义

1. 理论意义

（1）语篇衔接成分是横跨句法、语用层面的语法成分，是汉语篇章中极为重要的连接手段。传统的汉语语法研究着力于句子层面，所以对它的关注不够。语篇衔接成分的系统考察，有利于将功能语言学、话语语言学理论同汉语实际相结合，拓展汉语语法研究领域，加强汉语语法的理论建设。

（2）话语分析理论是语用学研究的重要内容，在国外比较发达，而汉语则鲜有研究。如会话中的"合作原则""得体性原则"等，在语篇衔接中都有体现。因此，对衔接成分的考察将有利于开展以汉语为对象的话语分析。对汉语语用学和跨文化交际理论发挥重要作用。

2. 实际应用价值

本书着力于在汉语教学背景下考察现代汉语语篇衔接成分。汉语教学既是它的出发点，又是其最后的旨归。因此，语篇衔接成分的研究应当能够对提高汉语教学质量发挥重要的应用价值。

（1）语篇衔接成分在日常会话、书面作文中的出现频率很高，留学生的出错机会多，但以往的对外汉语教学对此重视不够。本书对语篇衔接成分的宏观考察与微观分析，可以为对外汉语教材的编写、教学内容的科学安排提供理论支持，而对外汉语教学中发现的实际问题又可以反过来为前者提供新的考察内容、研究目标。所以，语篇衔接成分的研究对提高对外汉语教学水平具有重要意义。

（2）中国传统的作文法只注重书面语篇章的起承转合，复句、句群及其关联词语的分析也以书面语为主，对于口语、会话中前言后语的衔接很少注意。本书对口语、书面语的衔接问题给予同样的重视，通过考察各类语体中的语篇衔接手段，对于提高以汉语为母语的人的口语、书面语表达能力，具有重要意义。

（三）篇章衔接手段研究的现状

话语语言学（篇章语言学）是五十年代兴起的语言学学科，指的是对大于句子 / 语篇的语言片断进行语言分析，以解释人们如何构造和理解各种连贯的话语。国外最早开展话语分析的学者有哈里斯（Z. Harris）、米切尔（T. F. Mitchell）、派克（K. Pike）、韩礼德（Halliday）、夸克（Quirk）、库尔特哈德（Coulthard）等。近年来，话语语言学更成为令人瞩目的学科。其主要内容包括：指称，语篇的结构，句子的排列，句际关系，会话结构，语篇的指向性、信息度，句子间的语句衔接与语义连贯等。在话语语言学中，语篇衔接是首先受到关注的重要课题。

中国现代语言学早已具有篇章连接的思想，如吕叔湘先生在《中国文法要略》的"表达论：关系"中已大量涉及汉语句子、篇章的连贯、衔接问题，吕先生把表达中的关系概括为"离合·向背、异同·高下、同时·先后、释因·纪效、架设·推论、擒纵·衬托"等 6 类，包含了篇章中的所有关系。（吕叔湘 1982［1942—1944］）

汉语修辞理论也已注意到语篇中句子之间的连贯问题。如陈望道先生在《修辞学发凡》的消极修辞中就提出"伦次通顺"的要求，指出："能够依顺序，相衔接，有照应的，就称为通顺。"（陈望道 1979）王希杰《汉语修辞学》专列"结构"一章，其中"串连"谈的就是篇章连接问题。王先生把"串连"的手段分为"形式串连法和意义串连法两种。形式串连法就是用一定的形式标志把句子、段落组合成为一个整体。意义串连法就是靠所表达的内容的内部逻辑关系把句子、句群、段落组合成为一个整体"。（王希杰 1983）郑颐寿、林承璋《新编修辞学》专列"篇章的结构"一章，包括"衔接、照应、层次"等手段，"衔接的手段"分为"以常用联章语联章、以语境联章语联章、句段联章"3 类，"以常用联章语联章"又分为"并列联章、承接联章、层递联章、转折联章、因果联章"5 个小类，这种分类虽源于复句的类型，但已经跨出复句分类的格局和范围，如把"并列、承接……因果"等作为同一层次的衔接手段，就和复句关联词语的分类有所不同。（郑颐寿、林承璋 1987）

不过，修辞学中有关篇章问题——尤其是篇章衔接手段的内容比较零散。由于传统修辞学的旨趣主要在于积极修辞，所以对篇章连贯、衔接等问题，并没有展开系统的研究。同时，受汉语研究长期的重书面语、轻口语的倾向影响，修辞学对口语中语篇衔接手段的关注更少。

与此同时，语法学家在对大于句子的言语单位——句群的考察中，也涉及了篇章衔接问题。如崔仁健《现代汉语句群》将句群的衔接关系分为并列式、承接式、递进式、转折式、因果式、总分式 6 类。（崔仁健 1985）下文将会看到，这种分类与廖秋忠、郑贵友——尤其是郑贵友的分类方法十分接近。不过这类研究大多是将复句关系延伸到句段关系的结果。句子的插入语中，也有不少属于语篇衔接成分，只是此前的研究大多未关注它们的衔接功能。

20 世纪八十年代，篇章语言学、功能语言学理论传入我国，篇章问题的系统研究才逐步展开。廖秋忠《现代汉语篇章中的连接成分》（廖秋忠 1986）是从篇章语言学出发对汉语书面语的篇章连接成分所作的第一次系统考察。他将汉语的篇章连接成分分为时间关系连接成分、逻辑关系连接成分两大类，时间关系连接成分又分为序列时间、先后时间 2 个次类，逻辑关系连接成分又分为顺接、逆接、转接 3 个次类，各次类都包含若干个更小的类。郑贵友《汉语篇章语言学》（郑贵友 2002：

39—45）也主要以书面语为对象，将汉语篇章的衔接方式分为指称关系、省略与替代、连接、词汇衔接、结构衔接、音律衔接、"拼合"与"岔断"等7种类型，其中连接的方式又分为4大类：并列、因果、逆转、顺序，并列举分析了各类起连接作用的词语及其运用。上述两位先生的共同点是以书面语语篇为考察对象，系统介绍了国外话语分析研究的主要内容与方法。

近年来，随着口语研究和对外汉语教学研究的不断深入，汉语口语中的衔接手段和对外汉语篇章教学也引起了人们的注意。如周利芳《汉语口语中表肯定、否定的话段衔接成分》（周利芳2005）、《汉语口语中表因果关系的话段衔接成分及其教学》（周利芳2008）讨论了书面语和口语中篇章连接成分的共性和个性特点，对口语中的语篇衔接成分作了分类，并讨论了其中表肯定和否定、因果关系、承接关系衔接成分的语用意义和衔接功能。研究语篇衔接问题的论文数量逐年增加，金晓艳、彭爽《后时连接成分辨析》（金晓艳、彭爽2005a），金晓艳、彭爽《汉语篇章中后时连接成分的隐现》（金晓艳、彭爽2005b）和金晓艳《后时连接成分的连用与合用》（金晓艳2006）则对汉语篇章中的后时连接成分、旁指代词的使用问题作了系统考察。再如李宗江《"这下"的篇章功能》（李宗江2007）对"这下"的篇章功能的考察，唐宁《"幸亏"的功能与篇章分析》（唐宁2005）对"幸亏"的篇章功能的分析，邢欣、白水振《语篇衔接语的关联功能及语法化》（邢欣、白水振2008），罗春红《现代汉语语篇中总结连接成分的语用功能》（罗春红2008），具体考察了若干语篇衔接成分。在对外汉语教学领域，对语篇衔接成分的教学也受到了越来越多的关注，如屈承熹《汉语副词的篇章功能》（屈承熹1991）以外国学生造句和翻译为例，考察和辨析了几组近义副词的篇章功能，还有不少文章针对留学生篇章连接中的偏误进行分析；彭小川《关于对外汉语语篇教学的新思考》（彭小川2004）指出了对外汉语语篇教学中存在的问题、症结和解决方案，提出对外汉语语篇教学中需要涵盖的内容，并初步设计了对外汉语语篇教学的整体框架。可以看出，人们的注意力已经开始从书面语的篇章衔接成分向口语的衔接成分转移，并且开始在微观层次上深入地考察具体衔接手段的篇章功能，与对外汉语教学实际的联系也越来越紧密。近年来有不少博士论文、硕士论文以语篇衔接问题作为研究课题。

（四）汉语语篇衔接成分研究的趋势和空间

1. 研究现状和趋势

从目前的研究来看，语篇衔接成分研究的现状和趋势表现为：

（1）从以引进国外的有关理论方法为主向与汉语实际相结合为主转移。

（2）从主要关注书面语的衔接成分向书面语、口语并重转移。

（3）在微观层次上深入考察具体衔接手段的篇章功能和语法化过程。

（4）与对外汉语教学的联系越来越紧密。

2. 发展空间

不过，汉语篇章衔接手段的研究还处于起步阶段，还有巨大的挖掘空间。主要可以归纳为以下几点：

（1）将书面语和口语打通进行系统分类、考察的成果很少，特别是以表达某一逻辑关系（如承接、因果、逆转）的一组、数组衔接成分为对象所作的分析、阐释很少，而对口语中语篇衔接成分的描写、讨论则更是寥若晨星。

（2）针对外国人学习汉语时篇章衔接方面的偏误开展的研究不多，篇章问题在对外汉语教学中还未受到足够的重视。

我们认为，以上两方面是互相联系、互相促进的，语篇衔接成分的宏观考察与微观分析成果，可以为对外汉语教材编写、教学内容的科学安排提供理论支持，而对外汉语教学中发现的实际问题又可以反过来为前者提供新的考察内容、研究目标。所以，把两者结合起来的研究不但是必要的，而且是可行的。屈承熹（1991）、郑贵友（2002）等已经在这方面做出了有益的探索。

二、关于汉语篇章和会话中的衔接成分

（一）已有研究的分类

廖秋忠（1986）对汉语书面语的篇章连接成分作过比较系统的考察。他将汉语的篇章连接成分分为时间关系连接成分、逻辑关系连接成分两大类，时间关系连接成分又分为序列时间、先后时间2个次类，逻辑关系连接成分又分为顺接、逆接、转接3个次类，各次类都包含若干个更小的类。廖秋忠对篇章连接成分的分类和分析虽然比较简略，但仍是目前所见对这一问题的最系统的考察。郑贵友（2002：39—45）也主要以书面语为对象，将汉语的篇章连接方式分为4大类：并列、因果、逆转、顺序。周利芳（2005）以廖秋忠和郑贵友的分类作为基础和参照，将汉语的语篇衔接成分分为肯定与否定、因果、承接、逆转4类，并具体描写、讨论了其中的肯定、否定成分的语用意义和衔接功能。周利芳（2008）回顾了汉语篇章衔接成分的研究历史和语篇衔接成分的特点，并对表达因果关系的衔接成分进行了考察，提出在对外汉语教学中采取"语境法、对比法、搭配法、排序法"进行语篇衔接成分的教学。

我们以上述研究作为基础和参照，根据实际语料，认为语篇衔接成分可以分为以下4类：肯定与否定，因果，承接，逆转。

（二）书面语和口语中篇章衔接成分的共性与个性

现代汉语书面语的篇章连接成分和口语中的话段衔接成分之间，存在一定程度的一致性，有些衔接成分可以通用于书面语和口语。同时，口语的语境和书面语有着巨大的差异。尤其会话是发生在两人或多人之间的直接的交谈活动，其结构同书面语的篇章结构很不相同，因此，衔接成分也会不同于篇章连接成分。主要表现在以下几个方面：

1. 书面语中的篇章由同一个人完成，前后语句都是提前设计好的，它的衔接成分可以成对出现，从而提前框定篇章的句间关系，帮助读者解读篇章。但在对话中，甲方一般不可能提前知道乙方对自己的话会有何反应，也不了解乙方将要说的话和自己的话存在何种逻辑关系，所以不会在始发的话段中使用衔接成分。因此，衔接成分只能出现在一个话段内部或第二个话段中，而不可能成对出现在两个话段之间。

2. 由于语体的限制，在书面语中出现的篇章连接成分，有许多是口语中——尤其是对话中不会出现的。反过来说，一部分口语中出现的衔接成分，也是书面语中不会出现或很少出现的。

3. 书面语中存在的某些篇章关系，有一部分不存在于会话中，而会话中大量存在的语篇关系，也可能很少出现在书面语的篇章中。

4. 书面语的篇章连接成分中连词占多数，而口语会话的语篇衔接成分中，功能虚化的动词短语、介词短语、小句子占相当大的比例。

（三）语篇衔接成分中的指示代词

需要指出的是，在口语对话中起衔接作用的成分中，经常出现指代词"这、那"等，它们大多是指称上文或其中的某个人物、事物的，作用是将甲、乙双方的话衔接在一起。这就是篇章衔接中"照应"或"指称"手段的运用。如果进行更加微观的分析，可以将双方对话中的衔接作用落实到这些指代词上。（黄国文 1988：90—104，郑贵友 2002：27—32）但是，在对话的进行过程中，包含这些指代词的衔接性短语更多地是作为一个整体起到了将谈话组织起来的作用，其熟语性特点非常突出。尤其对于留学生来说，整体性的分析更有利于他们掌握衔接手段的运用。

三、语篇衔接成分的考察角度

（一）两个角度

不论是口语还是书面语，语篇衔接成分都可以从两个角度进行考察。第一，从衔接成分使用的语体、语境出发，观察它们能在什么语体、语境中出现，不能在什么语体、语境中出现，不同语体的特征对衔接成分有什么要求。第二，从衔接成分本身出发，探讨某一个或一组衔接成分有什么功能，表达什么意义，如何利用衔接成分，使话语衔接更顺畅，更易为人所理解和接受。前者是从外到内的观察，后者是从内到外的观察。

（二）两个层面

对语篇衔接成分的考察，又有宏观和微观两个层面。前者是以语篇中的衔接关系为纲，对衔接成分进行分类，列举表达相同关系的衔接成分，观察不同的衔接成分之间在表义特点、使用语境等方面的共性和个性；后者以个别衔接成分为单位，观察它在语篇衔接中的作用，如可以表达怎样的关系，位置如何，能否停顿，与其他衔接成分的关系如何，是否兼任句中连接成分，语法化过程等。目前有深度的考察，多属后者，即对个别衔接成分的微观研究。

四、语篇衔接成分的性质与特点

(一)语篇衔接成分的性质与构成

语篇衔接成分是一个较大的封闭类,有连词,副词,起衔接作用的短语或简短的句子。它们内部构成复杂,有些是跨层结构凝固而成;作用多种多样,大部分不限于充当语篇衔接成分。主要有如下成分:

1. 能够跨句使用的连词,如"所以、因此、而且、甚至、那么"等。

2. 起肯定、否定和连接作用并能跨句使用的副词,如"是、不、真的、其实、毕竟、原来、怪不得"等。

3. 具有提起话题和篇章衔接作用的词和固定短语,尤其是口语中的语篇衔接成分,这类成分最多,如"总之、据说、看来、我看、问题是、说起来、话是这么说、说来话长、这么说"等,这些成分在过去的语法教科书中大都作为"插入语",位置灵活,语法意义虚灵,不充当具体的句法成分,带有一定的熟语性,但语法化程度有高有低。其中一些带有指示代词的衔接成分,如"这下、这么说、这么一来、这样看来"等,其中的指示代词具有指称作用,是语篇衔接成分中的重要组成部分。

下面就跨层结构凝固而成的语篇衔接成分略举2例:

"别提了"是跨层成分,由"(否定词+动词)+语气词"构成,运用中可以作谓语及句末语气词:"他别提有多高兴啦!""过去的事就别提了。"或构成独立的感叹句:"别提了!"又可以充当衔接成分:"杨清民苦笑道:别提了,说客盈门。"(谈歌《城市警察(5)》)

"怎么说呢"也是个跨层成分,在句子中"怎么说"作谓语,"呢"是句末语气词,如:"这话应该怎么说呢?"(王朔《我是你爸爸》)又可作插入语，在句子中起表示迟疑和提示的作用："我一见你……怎么说呢，就觉得你像我姐姐。"（王朔《动物凶猛》）又可作语篇衔接成分，例如：

（1）郭燕：其实，怎么说呢，过去我从来没有觉得我会离开他。（电视剧《北京人在纽约》）

这是一种"语气承接"法。详见第四章。

（二）语篇衔接成分的特点

1. 语篇衔接成分和复句的关联词语既有相通、一致的地方，也有明显不同之处。一致之处是，有些词语，既能用于复句的关联，又能用于语篇的衔接。例如"这下"：

（2）可这回去了趟株洲、成都，跟我一样的人，在株洲开600多元工资，成都比这还高，这下心里就不是滋味了。（1994年《人民日报》）

（3）这下，把他吓了个够呛，以为是自己眼花，或是在做梦，狠命咬起自己的中指来。(《作家文摘》1993A《"万氏兄弟"的喜剧》)

（4）这下我完了，你算是把我毁了，我真该把你也杀了，天哪，真是不让好人过日子，这下又要回到那该死的劳改农场去了，我那已经被糟踏的青春又要被糟踏一次了。（王朔《人莫予毒》）

例（2）连接复句，例（3）衔接语篇，例（4）中有两个"这下"，第一个"这下"衔接语篇，第二个衔接不同的分句。

有的衔接成分一般只出现在语篇中，较少用于复句。如"这么一来"，在北京大学CCL语料库的"北京话"部分共搜索到21例起衔接作用，2例用于复句之间，19例用于语篇之间。"你是说"29例，全部表语篇衔接关系，对对方的话加以确认，有时带有追问的语气，如：

（5）诸所长：你是说，王仁利没死，李大妈改名换姓，过去的王桂珍就是现在的李珍桂？（老舍《全家福》）

（6）达玉琴：你是说，我知道他有毛病，可是不肯说，是吧？（老舍《西望长安》）

2. 有的语篇衔接成分，在表语篇关系的同时，经常插入话题和述题之间起强调作用，这种情况在书面语中尤其突出，如"说到底"：

（7）说到底，他是他，你是你，跟个外人也差不多——明白这点也就能坦然自若了，也就没有那么多烦恼了。（王朔《我是你爸爸》）

（8）谁让我，说到底我还是个大俗人呢。（陈建功、赵大年《皇城根》）

（9）房改，说到底是利益的调整，必然会有冲突和震动。（1994年《人民日报》）

例（8）在"谁让我"后插入"说到底"，语气上起追加强调"归根结底"的作用，同时把本句跟上句衔接起来。例（9）在话题主语"房改"之后插入"说到底"，主要起强调作用，但也有衔接功能。

（三）语篇衔接成分的作用

综合以上的讨论，语篇衔接成分在篇章中具有多重作用，可以归结为：一是衔接上下句，二是表达某种语气、口气，有时还可补充表达某种特定的意思，如信息来源等。

五、语篇衔接成分的分类

语篇衔接成分的分类是一个富有挑战性的工作。关于汉语语篇衔接成分——特别是口语语篇衔接成分的先行研究成果不多，已有的研究主要集中在书面语上，而且对语篇衔接关系的分类多以复句关系分类为基础。我们突破了将复句关系套用到语篇衔接成分上的分类模式，将句子之间的逻辑关系和语气上的上递下接结合起来为衔接成分分类。这种分类可操作性较强，具有一定的创新性。

根据上面的分类原则和目前搜集到的语篇衔接成分，本书将其分为肯定与否定、因果、承接、逆转等 4 类。

1. 肯定、否定类

肯定类如：是的，好，当然啦，可不，也是，好的。又可分为 4 小类：①表达毫无保留的态度；②肯定中带有理所当然的口气，并因此进一步地申说；③赞同对方的意见，但语气有所保留；④赞同对方的提议，并表示将有所为。

否定类如：不是，没那事，得了吧，不见得，别说了。又可分为 4 小类：①简单否定；②强烈地否定对方，并引出反驳的话；③否定对方话语的真实性；④否定的同时制止对方。

2. 因果类

因果类如：这下，结果，既然……那么，还不是，说到底，怪不得。又可分为 5 小类：①由因致果；②由果推因；③作答并释因；④无条件致果；⑤对结果恍然大悟。

3. 承接类

可分为 3 个小类：①以时间承接为主，如：接着，接下来；②以话题承接为主，如：说到，说起来，还有，你是说；③以语气承接为主，如：这样吧，是这样的，其实，别说，怎么说呢，别提了。

4. 逆转类

逆转类如：然而，话虽这么说，要不然。又可分为 3 小类：①直接逆转；②让步逆转；③假设逆转。

六、本书的研究内容

在接下来的各章中，我们将集中描写和讨论现代汉语语篇衔接成分的类型和用法。主要包括下列内容：

1. 语篇衔接成分的分类及其语义、语用功能的描写。主要是对前三类语篇衔接成分的描写。

2. 近义语篇衔接成分的辨析：选取某类中若干组近义的语篇衔接成分，加以辨析，讨论在对外汉语教学中如何引导学生正确地辨别和使用这些成分。

3. 分析和阐述对外汉语教学中的语境利用、副词教学及语法本体研究与教学的关系。

4. 语篇衔接成分的例释：以上述分类为纲，充分利用收集到的大量语料，逐词进行例释。描写其语义和使用方面的特点及注意事项。注意联系对外汉语教学的实例和留学生使用中的偏误，具体分析加强衔接成分教学效果和防止偏误的方法。

第二章

表肯定、否定的语篇衔接成分

本章提要：语篇衔接成分指话语中把双方的话段或同一段话的不同句子连贯起来的成分，包括一些虚词和固定短语。表肯定、否定的语篇衔接成分是其中重要的一类，其内部又可分为 2 个小类：1.肯定类衔接成分，包含 4 个小类：①表达毫无保留的态度；②肯定中带有理所当然的口气，并因此进一步地申说；③赞同对方的意见，但语气有所保留；④赞同对方的提议，并表示将有所为。2.否定类衔接成分，包含 4 个小类：①简单否定；②强烈地否定对方，并引出反驳的话；③否定对方话语的真实性；④否定的同时制止对方。文中举例分析了各类语篇衔接成分的意义、功能及差异，并对对外汉语教学提出了建议。

关键词：语篇　衔接成分　肯定　否定　类型

　　在连续的语篇中，比如双方的会话或本人的独白，语篇的连贯是通过语义、指代、照应、结构、衔接词语等来实现的。（黄国文 1988：87—141，郑贵友 2002）本章在第一章的基础上，描写表达肯定和否定意义的语篇衔接成分。

　　肯定、否定类语篇衔接成分是指，说话者通过对对方（或上文）的观点加以肯定、否定的方式，将自己的话或下文自然、巧妙地衔接上去，并且表明自己的态度，达到语篇连贯的目的。

在对话中，乙方对甲方的话表示肯定或否定，一方面是表明态度的需要，另一方面也是语篇衔接的需要。说话者通过这种手段，或者结束对话，或者使对话继续下去。而在保持谈话继续进行的手段中，又存在几种情形：一种是乙方通过肯定的方式，使谈话顺着甲方的观点、思路延续下去；另一种是乙方通过否定的方式，改变谈话进行的方向；第三种是乙方通过有限度的肯定，同时用提出新话题的手段，实现改变谈话方向的目的。

在一个人的独白、演讲或长篇的陈述、议论中，也经常运用肯定、否定的手段衔接上下文，使用这类衔接手段，不仅使得语篇更加连贯，而且能够创设一问一答的效果，使得文章或演讲显得文气跌宕，波澜起伏。著名的例子如毛泽东《人的正确思想是从哪里来的》。

大多数情况下，我们听到别人讲述某件事情和表达某种观点，在表明对对方话语的态度之后，还要补充说明自己的某种看法，或者将要采取的行动。这时，就会使用既表应答又有引导作用的衔接成分，接续下面的话。下面将肯定、否定性的衔接成分作简单分类，并举例加以分析。举例时，对话多以留学生的口头作文、书面作文及相声、电视剧中的对白作为例子，长篇语料来自北京大学 CCL 语料库和暨南大学中介语语料库。总的要求是尽量贴近实际口语。

一、肯定类衔接成分

肯定类衔接成分是指，通过肯定对方的意见来实现上下文的自然衔接。又可细分为 4 个小类：

①表达毫无保留的态度；

②肯定中带有理所当然的口气，并因此进一步地申说；

③赞同对方的意见，但语气有所保留；

④赞同对方的提议，并表示将有所为。

（一）无保留的肯定

表达无保留的肯定态度，常用的衔接成分包括：是的，是啊，对，对了，没错儿，说得对，说的是，说得有理。

1. 此类衔接成分中，中心动词是"是／对"。其中"是的"略带郑重其事的意味和书面语色彩，衔接功能最强。其他短语更多地带有口语色彩。留学生在表达肯定性衔接时，大多首选"是的"，这大概跟他们首先接触的是课本中的用例有关。例如：

（1）A：你真的了解小王吗？

　　B：是的，我眼看着他长大，难道不会（会不）了解他吗[①]？（西外[②]）

（2）A：还算是一个百万富翁呢，一块钱也不想给大家借。

　　B：是啊，哪有这么小气的人！（西外）

（3）随着（看了）以上的描写，谁也（都）可以想到，我妈妈具有典型的美女的条件。对！我妈妈是个美女。（西外）

中国人在对话中则大多选择简洁利落的"对、没错"，有时还用"对"衔接"没错"；为了强调十分赞同，还可在"是"前加上"那"，说成"那是"：

（4）记者：你是为了不被罚款才买的？

　　骑车人戊：对，没错！（《焦点访谈》12）

（5）甲：说相声就得用北京话。

　　乙：那是，相声是北京的土产嘛。（侯325）

---

① 留学生作文用例中常有词汇、语法错误，正确的说法放在括号内。

② 西安外国语大学留学生作业，简称"西外"。

由于"是的"带有一定的书面语色彩，所以在书面作品中出现频率较高。在连续的语篇中，"是的"可以对前面的观点表示无保留的肯定。例如：

（6）于是，我们这个"中国名模演出团"加上乐队、服装、后勤，便组成了一个30多人的草台班子。是的，当时给我的印象的确就是草台班子。（卞庆奎《中国北漂艺人生存实录》）

也可以对前文做出进一步解释和引申。例如：

（7）常有学生说："那人品格好，成绩优，知识面广，所以喜欢与他来往。"是的，一个在某方面品质好、能力强的人或具有某些特长的人，更容易受到人们喜爱。（王登峰、张伯源《大学生心理卫生与咨询》）

（8）我甚至觉得他还是一位赶去教室上课的学生，而非一位领导着庞大队伍拥有亿万资产的企业家。是的，他依然还是一副学生的模样，戴一副眼镜，文质彬彬，不善言词，也不习惯使用手势加强语气。（1995年《人民日报》）

"是的"还可以在肯定前面的话的同时，接着引出另外一个有关的话题，该话题往往是前一个话题的扩展、延伸和深化。例如：

（9）我们两个在香港根本就没有休息过星期天，从早到晚就这么忙，付出的代价有多大！而且他已是50多岁的人了。是的，不管你过去在艺术界有多大的名气，也不管你以前在大陆是什么身份，一过罗湖桥，你就是另外一种人生了。（1994年《报刊精选》）

（10）打开这家出版社出版的这部书，前面有一篇说明，其中相当重要的内容是摘引了鲁迅对这本书的评论。是的，鲁迅不但是文学家，而且是思想家、革命家，各行各业都应该学习鲁迅，工商界也不例外。（《读书》）

"是啊"同样表示肯定、赞同前文，由于带上了"啊"，"是啊"本身就表示赞叹的口气，比"是的"口语化，语气也强一些。尽管只有语气词"啊"与"的"之差，可是"是啊"与"是的"往往不能互换。例如：

（11）东西哪儿来的，都给你盖好了章，拿的再到社会局那合儿给你营业照。他那儿发你，每个营业照五块钱。是啊，待业青年免税呀。如果这里面有一退休工人跟我们一块干，就得交税啦。（1982年北京话调查资料　张国才）

（12）"人家好不容易嘛！"随便问了几个球迷，他们的回答惊人地一致。是啊，太不容易了。在战火尚未平息的伊拉克，他们没有场地，没有主场，没有经费，更没有待遇……（新华社2004年新闻报道）

用"是啊"也可在肯定前文的基础上，作进一步的阐发与解释。如：

（13）出寨子的人再洒上一勺水。每个走到他们身边的人，一反刚来时的躲闪，一个个站直了唯恐漏掉一滴地承接着清水。是啊！多一滴水，就多一分纯洁，多带走一分傣族同胞的祝福。（1995年《人民日报》）

在连续的语篇中，"对"的肯定作用和"是的、是啊"很不相同，前者重在顺着上文和对方的话进一步阐发，后者则重在改换另一个意思乃至换一个新话题，有时表示突然明白了什么，上文常常有一些提示性的词语或信息。例如：

（14）林书记，我一到您面前，说话就哆嗦。对，咱们不说田卫明。现在要说田副省长。现在可以很有把握地说，董秀娟于也丰的死，都和田副省长有直接关系。（陆天明《苍天在上》）

（15）我心里一热。就在这时，对面山上的信号灯亮了。对，信号灯！我一下子兴奋起来，大声对小刘说："伙计，快拿手电

来！"（陆颖墨《锚地》）

2."说得对、说的是、说得有理"等都是中补结构的短语，内部结构比较复杂，语法化程度较低。因而使用范围也比上面的衔接成分狭窄："对""是"既可肯定对方所说的具体事实，也可只肯定对方的话。既可用于对话，也可用于连续的语篇。而加上"说得（的）"以后，就只能用于在对话中肯定对方的话，而且带有加强肯定的作用。例如：

（16）路易：下岗的人可以另外再找工作呀。

大卫：说得对。我听一个中国朋友说，中国的情况是……
（汉高下 83）

在独白式的连续话语中，"说得对"只能用来引用别人的言语，表示对引用内容的肯定，即使是表面的肯定。例如：

（17）你们在参议院的先生们理直气壮地说，你们伟大的美利坚合众国，文明世界的领袖，决不会沾染一点欧洲的腐败。说得对——对极了！此话说给谁听？——腐败的楷模参议员拉特克利夫。(《读书》)

（18）有些太太小姐也许会说，要是把书里的故事删去几篇，那也许会好些吧。说得对。不过我是无能为力的，人家怎么说，我就怎么写下来。(翻译作品《十日谈》)

在暨南大学的中介语语料库里，共查得"说得对"13 例、"说的是"11 例，全部充当谓语，"那是"45 例，均为句中用例，而"说得有理"则未见一例。可见，留学生还基本不能使用这类语法化程度较低的肯定性衔接短语。

（二）理所当然的肯定

1. 所谓"理所当然的肯定"，是指表达肯定时语气中带有理所当然的口气，并用此肯定性衔接成分引出进一步的申说内容。常用的衔接成分中，既有"当然啦、那当然"等陈述的方式，更常用"那还用说、谁说不是呢、可不、可不是嘛"等反问的方式。前者的中心成分是"当然"，后者的形式标志则是反问句式。例如：

（19）那当然，在莫斯科也有冬天，春天，夏天，秋天。（暨南大学中介语语料库）

（20）记者：就凭朋友说的话，你就相信他了？

陈大君：当然啦，他是国家公司的人。另外，他说赫司安工程采矿用的是进口设备，他们还要和他做生意呢。（《焦点访谈》137）

（21）谢老连忙请他坐下，说："是共产党、毛主席把你特赦的。"溥仪回答："那当然，那当然，我要感谢共产党、感谢毛主席、感谢最高人民法院，我的特赦证书上面盖着最高人民法院的章，我也要感谢您老。"（《读者》）

在独白或长篇的叙述、议论中，"当然了"往往用于肯定中带有轻微的转折，用来补充说明比较复杂缜密的思绪和辩证的观点。例如：

（22）所以我们妇女要响应国家号召，首先在脑子里树立起商品经济的观念。什么丈夫，什么情人，统统交费，当然啦，收费也要合理，定价时要考虑到我国目前的总体工资水平，不要把人家都搞破产了。（王朔《千万别把我当人》）

（23）似乎很热闹很新鲜，现代派啦寻根啦，不客气地说，你那现代派是我们玩剩下的。我们年轻的时候比你们玩得血乎，当然啦，那时社会提供的条件也比现在好，烟馆啦窑子啦赌场啦应有尽有，美国怎么样？黑暗吧？（王朔《千万别把我当人》）

（24）这篇文章仿佛是在讲我们的事似的，我们现在有着良好的学习机会，当然了，还有争取第一的机会，但是我们因为"懒"而丢失了这个好机会。（HSK动态作文语料库）

2. 反问式的肯定，语气更强烈，对话中使用非常频繁。其中"可不"的口语性极强，不论用于对话还是长篇语料，后头大多带着对前文加以深化、扩展或补充的话。例如：

（25）乙：让这样的人主管粮、油、蛋、菜，老百姓非倒霉不可。

甲：可不，要不那几年群众的生活就那么苦啦！你瞧见我了没有，我就是假大空的受害者。瞧，我这体格，这就是假大空主管粮、油、蛋、菜，造成的恶果。（杨39）

在暨南大学中介语语料库中，尽管看不到成篇的对话材料，但在一句话中仍然能够体现出"可不"的衔接作用：

（26）可不，我的脑（海）里画起来往昔的情景想象不到。（HSK动态作文语料库）

（27）可不，她只不过有点白毛（头发），剩下往年的面容，姿势也好看……（暨南大学中介语语料库）

下面是文学作品中的例子，先用"可不"肯定前文，然后加以补充，从不同的侧面进一步证明所肯定内容的显而易见：

（28）"不，有些事，你不明白。比如，你不知道，过去，在学校时候，我一直都是多么……爱你的。可不，那是爱，而且，是第一次的爱。（田晓菲《哈得逊河上的落日》）

（29）卡往里面一塞，敲打几下按键，没用1分钟，钱、"卡"、账单便一齐"吐"了出来，比在柜台取钱省时省事多了。可不，在柜台取款，又得填单，又得点钱，又得复核，更不用说有时还得排长队等候了。您可能要问：这"卡"里有多少。（1994年《市场报》）

"那还用说"一般表示强烈的肯定，有时会同"当然"连用：

（30）如果有人问我"绿色食品和解决饥饿中哪个更重要"的

话，那还用说，我一定说饥饿问题解决更重要。（HSK 动态作文语料库）

（31）谭槟说："那还用说？他们只能够留在广州！——要是留在广州，那还用说么？他们就要重新下地狱，悲惨到不能再悲惨！"（欧阳山《三家巷》）

如果下句中包含预设"本应如此"，使"理所当然"的口气带上更强烈的主观感情色彩，则要用"本来嘛""废话"来衔接，后者是很不客气的肯定方式。这在口语中十分常见，但暨南大学中介语语料库和西安外国语大学汉学院的作业、练习中没有发现。可能是由于其口语色彩极浓，留学生在课堂上难以接触到，也可能跟语料的语体有关。例如：

（32）乙：嘿，你倒能原谅他。

甲：本来嘛，你跟小孩儿要求太高不行，就得睁一眼儿闭一眼儿，老找大人那解决什么问题。（侯59）

（33）甲：没见着我，你看见我们工厂了吧？

乙：废话，那么大的工厂我能看不见吗？（杨1）

（三）有保留的赞同

在肯定性回答时，表示赞同对方的意见，但语气有所保留。常用衔接成分：也是，说的也是，这／那倒是，这倒也是。

这类成分的特点是用表示舒缓语气的副词"倒、也"，用在自己的想法与对方所说不完全相同的语境中，其后衔接的往往是补充性的话语。例如：

（34）甲：哪比得了您家里"男女老少""皆大欢喜"，共享"天伦之乐"。

乙：这倒是，我还有爷爷奶奶哪！（马135）

（35）郝阳：现在的孩子太娇气，还是锻炼得皮实点儿好。

鹏鹏妈：也是。我们厂里有个同事的孩子，都上大学了还不会收拾屋子、洗衣服，生活能力太差了。（汉高上44）

（36）怪了，也就是"按摩按摩"，也要讲个"形式"？也是呀，也是，若是没有了这些"形式"，又怎敢称"大师"呢？可是，很快他就发现，他错了。（李佩甫《羊的门》）

（37）"公主这是说哪里话？我可晓得驸马爷对你很不错的，常常陪你上街市逛逛给你选买礼品。"慧珏笑道："这倒也是。说起来今日来探望玉贞也亏得他提醒一句。我还不知道你怀孕之事呢。"（电视剧《大宋提刑官》）

（四）赞同并欲有所为

在表达肯定时，一方面赞同对方的提议，同时表示将有所为，或在说话的同时伴随着动作。常见衔接成分如：好的，好（吧），那好（吧）。

这类衔接成分的中心是表示肯定性应答的"好"，加上不同的语气词之后，语气有所变化。例如：

（38）记者：我这里是从湖北仙桃市鼠药市场带回来的鼠药样品，请您帮助检测其中的有效成分。

缪景春：好的（说着便开始进行检测）。（《焦点访谈》113）

（39）"那好吧！我先来干吧！"（HSK动态作文语料库）

（40）水还未取来，朋友急于试砚，吐唾沫代水磨起来。米芾大惊失色，说："啊呀，完了，你弄脏了我的宝砚。好吧，送给你吧！"于是这块宝砚就归了朋友。（《读者》（合订本））

以上3例中，"好的、好吧"后面均跟随着表示要做某事的话，或者伴随着一定的动作。所以，在辨析这一类衔接成分和"是"等时，一方面应当利用后续的句子，另一方面可以利用适当的身势动作，以使留学生体会到它的确切含义。

"好吧、好的"还经常用来结束话语，或对前面的内容加以总结。例如：

（41）好吧，今天我就写到这儿，下次再给您们写信。（HSK动态作文语料库）

（42）但是不管怎么样，我相信随着我国教育信息化进程的推进，数字校园总有一天会来到我们每一个人的身边。好的，非常感谢四位嘉宾精彩的评述，也谢谢我们现场的观众朋友，我们下次节目再见。（《百家讲坛》吴文虎等《数字化校园与教育创新》）

有时"好吧"还可以表示向对方或某种说法让步，语气中略有无可奈何或思考之后所作决定的意味，相当于"既然如此，那就……"：

（43）谭乡长哈哈笑了：县长，我真是斗不过您的。好吧，既然县长发话了，我料定吴大水屁都不敢高声放一个的。我明天把车给您开到县委来。（谈歌《大厂》）

（44）中国有句俗话：入乡随俗。当你有钱时，你就是一个资本主义者，这是某些人的想法。好吧，我就是个资本主义者，但我还是觉得我口袋里的钱，我能看见用才是我拥有的。（姚明《我的世界我的梦》）

二、否定类衔接成分

否定类衔接成分的基本作用是通过否定对方的话语来实现上下句的衔接。又可分为4小类：

①简单否定；

②强烈地否定对方，并引出反驳的话；

③否定对方话语的真实性；

④否定的同时制止对方。

（一）简单否定

"简单否定"指在表达否定时，语气中没有特殊的意味，仅仅表示不同意对方的意见。常见的衔接成分有 2 个小类。

1. 一类是"不是、不对、不行、不会"等短语，形式标志是否定词"不"，在否定对方之后往往申明自己（在独白中，是与前文对立）的观点。例如：

（45）"不对，明明是四斤嘛。"（HSK 动态作文语料库）

（46）"不行，不行，就去买一分（份）的米饭。"（HSK 动态作文语料库）

（47）记住的是他的病床号数。然而当他离院之后，不论是因为伤愈离院或身故离院，我们随即连他的病床号数也忘记了。不是，我不是说忘记了那病床号数，这是我被派定了要看护的床位，我无论如何忘记不掉。（《读者》（合订本））

（48）《三国演义》里面说，陈宫离开曹操是因为曹操杀了吕伯奢一家。不是，史实是曹操杀了边让、桓邵这些人陈宫看不下去，离开曹操，死心塌地地帮助吕布打曹操。（《百家讲坛》易中天《品三国》）

在长篇话语中，"不对"否定的往往是社会上流行的某种说法，或自己前文的说法，"不对"后面是说话者认为正确的说法，起补充修正的作用，如：

（49）老院长看着小李，眼里露出由衷的歉意。不对，他是在忍着什么，李阿姨又去看二班长，他背对着她两个肩膀微微抽动。（王朔《看上去很美》）

（50）像经常我们会听到说他出国深造，其实他就在隔壁公司工作，很多老板说因为我们付的薪水太低了，所以他跑掉了。不对，很多人离职不是因为薪水的因素。所以沟通不良的情况之下，你没有办法把公司做得非常好。（曾宪章《说话的艺术》（上））

2. 另一类是"没那事、没听说过、话不能这么说、看你说的、瞧你说的"等简短的非主谓句，其中有的是弱感叹句式。它们与前一小类的区别是，语气更加斩钉截铁，是不留任何余地的否定。例如：

（51）甲：慢多啦！张秉贵是几十秒，他那仨徒弟是五六分钟，这差哪儿去啦！

乙：没那事，拿一份也是几十秒。（侯254）

（52）"没那事！祖宗八代的站棒子，啥命谁自个儿不知道？"老头子急得眼睛都红了。（礼平《小站的黄昏》）

（53）甲：啊，看来是个多面手。

乙：没听说过！那天参加表演的张秉贵的徒弟……只用了三十五秒就称完了四种糖果……跟他师傅一样快。（侯255）

（54）你叫他们别搞什么试验研究了，赔钱就赔在试验研究上！不顶！俺们祖祖辈辈种地，也没听说过什么试验研究。没听说过，种下去庄稼，过些时候，拔起来看看，过些时候，拔起来看看。可倒好，到收割的时候倒省事，地里全都光了！（汪曾祺《王全》）

（二）否定与反驳

在表达否定时，一方面比较强烈地否定对方，同时引出反驳的话。常用衔接方式包括两类。

1. 一类是用祈使句式"算了吧、得了吧、别逗了"等，口气尽管强烈，但比较友好，例如：

（55）A：那是因为你比我胖。我常听人说，胖子不怕冷。

B：算了吧，你不比我瘦多少。……（汉中上73）

（56）甲：大伙儿都说你最近赚了不少。

乙：得了吧，那都是他们瞎编的。（自编）

（57）小墩子瞪圆了眼睛盯住群龙，群龙又把那意思重复了一遍，小墩子不由得问："别逗了！你哪儿来的五千块？二荷的我可不要！"（刘心武《小墩子》）

在长篇话语中，用"算了吧"往往表示放弃原来的某种打算、观点等。例如：

（58）梁信绝望了。他找到戴碧湘说："感谢你对我的帮助，可现在看来，剧本是没希望了。咱不是制片厂的人，何必呢。算了吧，话剧也要人写。"梁信决心将话剧团正在边改边排、然而怎么也推不上去的一出大型话剧《南海战歌》推上去。（肖侠《梁信成名作的辛酸》）

（59）委屈不好对别人说，还不可以对自己的父亲，妻，儿子，说么？他离开了铺子。可是，只走了几步，他又打了转身。算了吧，自己的委屈最好是存在自己心中，何必去教家里的人也跟着难过呢。（老舍《四世同堂》）

2. 第二类是用反问句式，如"哪儿的话、什么呀、这是什么话、这叫什么话、这算什么话、哪儿呀、谁说的"等。其中"哪儿的话"倾向于表达"客气"的否定，常用于应答对方的感谢之类，"什么呀、这是什么话、这叫什么话、这算什么话"等则是不客气的否定，常用来反驳、制止对方。例如：

（60）A：我能取得今天的成绩全靠你的帮助。

B：哪儿的话呀，每天熬夜看书的不是你嘛！（西外）

（61）甲：不，那个地方除去椰林，没别的树。

乙：什么呀！我是说你们住的"别墅"。（马261）

（62）王二婶　她，她演电影？在这儿演吗？

齐　母　这是什么话，这儿又不是制片厂！

王二婶　那么，她在这儿干什么呢？（老舍《女店员》）

（63）"八爷！你开付饭账，改日再见！"老张站起就走。"这叫什么话，你坐下！"（老舍《老张的哲学》）

"哪儿呀、谁说的"或者用于应答对方的夸奖，或者用来反驳对方，其后说的是自己的看法。

（64）王先舟　（先喝了一大口酒）哪儿呀，老二添了个男孩子，他忙，我这个作伯伯的还不给张罗着点吗？

丁翼平　别忘了，连你们老二到税局子去作事……（老舍《春华秋实》）

（65）甲：你得知道，山河容易改，秉性最难移。

乙：谁说的？大人的影响要好，小孩儿就会好。（侯59）

（66）吃一顿嫩西葫芦馅的饺子。这么一想，便有了主意："少爷不是快八个月了吗？"给太太一个施展学问的机会。"谁说的，不是刚半岁吗。"太太的记性到底是比下人的强。"老这么老颠蒜似的！"（老舍《牛天赐传》）

（三）表达不相信

在表达否定的态度时，从否定对方话语的真实性切入，即通过否定来表示不相信对方的话，并引出自己的看法。又可分为两小类。

1. 一类用"不见得、不至于"等直接否定对方的话，表示事情不像对方所说的那样，或没有那么严重，态度、语气大都比较委婉或犹豫，因此"不见得"前面可出现"也"或者"那也""那倒""那可"等词语。若加上语气词"吧"，则态度更加委婉。例如：

（67）甲：我一天就把这点儿活干完了。

乙：不见得吧，这可没你想得那么容易！

（68）有人说，那么粗暴的比赛，打得头破血流的，有什么好看的。他说，粗暴？不见得，专案组打我，既不戴拳套，也不准还手，打得更起劲呢！（贺捷生《我们叫他老迈（2）》）

（69）"那倒不见得，"潘信诚还是不说，"这事要慎重考虑，不能随便提。"（周而复《上海的早晨》）

（70）甲：听说老王家儿子考上大学都念不起啊。

　　　乙：不至于吧，他不是开了个小铺吗？能穷成这样？

2. 另一类否定对方的诚意。表示不相信对方会言而有信，语气软中带硬，不太客气。常用感叹句式"说得好听"来引出不信任对方的意思。例如：

（71）甲：我保证半个月内兑现大伙儿的工资。

　　　乙：说得好听，你这话我们都听多少遍了！

（72）同治说修，发了一个上谕，说要重修圆明园，让京城内外大小官员"量力助修"，捐钱。说得好听，"量力助修"，那不捐行吗！奕䜣呢，本来就不大赞成，皇帝说了，两宫太后也暗示要修，所以奕䜣就先捐了银子。（阎崇年《清十二帝疑案（十九）同治（下）》）

（四）否定并制止

在表达否定的同时制止对方的言语行为：不仅表示不同意对方的意见，而且要求他停止说话，常用祈使句式"别说了、别瞎说了、行了"等。衔接的句子十分多样，如批评对方的话，自己要做的事等。其中"行了"经常重叠使用，用于不耐烦地打断对方，或者和"别说了"连用。例如：

（73）乙：行啊！再来盘花生米；然后……

甲：别说啦！你还来酒瘾了。（侯 283）

（74）甲：玩法儿不下几十种，有桥牌、接七、又叫接龙；……

乙：行了行了，你说这个我全不会，我就会打百分儿。
（侯 70）

"行了"形式上和"算了吧"都是祈使句式，但表达的意思和衔接作用不同。"算了吧"侧重在否定，接着反驳对方，"行了"侧重在制止，接着批评、质疑对方等。下例如果把"行了"换成"算了吧"，话语衔接就不自然，后头的"您怎么还研究这个呢"就没有着落了，如：

（75）甲：这么说吧，我所研究的是包罗万象。自从混沌初分，海马献图，一元二气，两仪四象生八卦，八八六十四卦，阴阳金木水火土……

乙：行了，您甭说了，您怎么还研究这个呢？（侯 438）

（76）杨清民把面条吃完了，掏出手绢擦擦嘴，苦笑道：你还有心思说这个啊。行了，你吃完了就歇着吧。明天早上我来看你。
（谈歌《城市警察（3）》）

值得注意的是，在暨南大学中介语语料库和留学生试卷、作文中，未查检到一例"没那事、瞧你说的、这算什么话、别瞎说了"等由小句子构成的语法化程度较低的否定性衔接成分，而多见"不、不是、不对"等，说明留学生在水平相对较低的阶段，更倾向于选择语法化程度高、结构简单、意义宽泛的衔接成分。

三、余论

语篇衔接成分属于超句的语用成分。目前对这类成分的衔接功能还没有开展系统的研究。然而对外汉语教学实践表明，留学生对上下文关系和语篇关系的理解，往往依赖于对衔接成分的语用意义的理解。由于衔接成分使用不当，会话中常常出现"前言不搭后语"的情形。因此我们认为，有必要加强自然口语中语篇衔接手段的研究和留学生会话中的偏误分析。

现有的中介语语料大都以句为单位，而会话衔接手段的偏误分析则宜采取"口语会话课全程录音"的方法，将师生问答和学生会话成段地记录下来，积累超句成分的中介语语料。以此为基础，深入探讨汉语口语衔接手段及其教学规律，提高对外汉语口语教学水平，促进汉语篇章语言学的发展。

第三章

表因果关系的语篇衔接成分

本章提要： 表因果关系的语篇衔接成分是语篇衔接成分中重要的一类，其内部又可分为 5 个小类：1. 由因致果；2. 由因推果；3. 作答并释因；4. 无条件致果；5. 对结果恍然大悟。本章举例分析了各小类因果关系语篇衔接成分的意义、功能及差异，并对其教学提出了建议。

关键词： 语篇　衔接成分　因果关系　类型

　　所谓因果类衔接成分，是指在语篇中通过表达对话之间或上下文之间的因果关系，将双方的对话或上下文连贯起来的词语，其中包括表因果关系的连词、表结果的关联副词，以及语法化程度较低的固定短语。

　　本章分析考察表因果关系的语篇衔接成分的意义、功能及差异，并对对外汉语中这类成分的教学提出一些建议。文章考察的侧重点在口语中的语篇衔接成分，但在讨论中也会涉及书面语的篇章衔接成分。语料来自北京大学 CCL 语料库，个别例子采自相声和陕西师范大学国际汉学院留学生的口头作文。

一、因果类语篇衔接成分的分类原则

　　因果关系既是重要的逻辑关系，也是话语中十分常见的语篇关系，既可出现在复句和独白式的连续话语中，也可出现在对话中。说话人使用表因果关系的衔接成分来串连语篇，目的是利用事物、话语之间的因果联系来增强说服力。教学实践中发现，留学生尤其喜欢使用因果类衔接成分。

需要强调的是，这里所说的因果关系是广义的，包括因果、条件、假设、目的等关系。郑贵友（2002）将篇章连接词语分为并列、因果、逆转、顺序4类，因果关系又分为因果、条件、目的3小类。在口语中，有些衔接成分在表达逻辑关系的同时，还和其他语气成分相配合，附带表达说话人的某种语气。这样，语篇的衔接、逻辑关系的标记就和语气的表达合为一体了。因此，因果类语篇衔接成分的分类宜于在逻辑关系的基础上进一步联系语气的表达，同时结合具有因果关系的句子的安排次序，以及在对话中因果关系分属不同话轮的情况等。根据这些因素，我们把口语中表因果关系的语篇衔接成分分为以下5个小类。其中第5小类的设立，特别考虑到表达语气的不同。

①由因致果；②由因推果；③作答并释因；④无条件致果；⑤对结果恍然大悟。下面分别进行描写和分析。

二、由因致果

所谓"由因致果"类衔接成分，表示由前面所述事实导致后面的结果或引出结论，表达狭的因果关系。语篇中的衔接成分既有因果复句中的连词、副词，也有习用的短语。常见的衔接成分有：所以，这下，这么一来，这样一来，结果，果然，果不其然等。其中"所以、结果"十分常见，不作分析。

"这下"在语篇中可以表示时间关系和逻辑关系。常用来回指上文，并很自然地将话语过渡到下文的结果。语义上，不论是衔接句子还是分

句,"这下"之后的部分都倾向于表示不如意的结果,例如:

(1)我知道你不爱我,见我烦,不会逼你娶我的——这下放心了吧钱康?(王朔《无人喝彩》)

(2)这下,把他吓了个够呛,以为是自己眼花,或是在做梦,狠命咬起自己的中指来。(《作家文摘》1993A《"万氏兄弟"的喜剧》)

(3)这下我完了,你算是把我毁了,我真该把你也杀了,天哪,真是不让好人过日子,这下又要回到那该死的劳改农场去了,我那已经被糟踏的青春又要被糟踏一次了。(王朔《人莫予毒》)

"这么一来""这样一来"一般不能连接复句,只用于语篇衔接,其中的"这么、这样"回指上文的事件,后头的语篇多表示顺理成章、自然出现的结果。比之"这下",它们更凸显上句的致果作用。其中"这么一来"的口语色彩很浓,在北京口语中使用频率高于"这样一来"。在北京大学 CCL 语料库的"北京话"中搜索到"这么一来"22 例,其中 1 例为非连接用法,3 例为连接复句的用法,如:"他(马老先生)积攒了好些洋烟画儿,想去贿赂那群小淘气儿;这么一来,小孩子们更闹得欢了。"(老舍《二马》)"这样一来"共 11 例,10 例用于语篇衔接。从语义来看,这两个衔接成分也多倾向于衔接说话人认为不如意的结果,但这一点并没有强制性。例如:

(4)这么一来那十个男人有十个男人先酥了。(电视剧《编辑部的故事·谁是谁非(上)》)

(5)这么一来,大家可受了惊,受了委屈,受了损失。(老舍《龙须沟》)

(6)这样一来呢,就等于是又多了一个十五万。(电视剧《北京人在纽约》)

(7)这样一来,连她的丈夫也不好意思叫她了,于是她除了

"大嫂""妈妈"等应得的称呼外，便成了"小顺儿的妈"；小顺儿是她的小男孩。(老舍《四世同堂》)

"果然"表示"事实与所说或所料相符"，既可用于句中充当状语，又可关联复句或衔接语篇，例不赘举。"果不其然"语义相同，口语色彩较浓，而"不出所料"的口气更重，作状语和连接复句较少，主要充当语篇衔接成分，或独立构成分句。使用频率大大低于"果然"，后面一般须停顿。例如：

(8)果不其然，大娘大嫂大爷们让鬼子给圈了回来。(王朔《看上去很美》)

(9)果不其然，到院里那个狗娘养的奉了圣旨似的教我跪下。(老舍《杀狗》)

(10)我算到你也该来了，果不其然。(高阳《红顶商人胡雪岩》)

三、由因推果

"由因推果"类衔接成分，表达推论式的因果关系，复句中常用"既然……那么……"等连词。语篇中常用的衔接成分如：所以说，看来，这样看来，这么看来，这么说，这样说来，这么说来等。

"所以说"是最直接、明显地表达推论关系的语篇衔接成分，它跟"所以"的区别在于，"所以"主要表达客观因果关系，它则主要表达推论因果关系，这正是话语标记"说"起作用的结果。"所以说"比"看来、这么说"等肯定性强，直接表达说话人的推断，因此不宜用"看来"等替换，其后可以停顿，也可不停顿。例如：

(11)所以说你们虽然身为女流，但同样可以像男人一样为所欲为。(王朔《痴人》)

（12）所以说，我说再弄下去我非成精神病不可。（王朔《许爷》）

（13）对吸烟者有点严厉不好意思，但我们得承认吸烟不仅是对个人健康有害，而且是对公共利益也不好。所以说吸烟对个人健康和公共利益的影响都是不好的。（暨南大学中介语语料库）

"看来"既可用于复句，也可用于语篇衔接，后头可以停顿，也可以不停顿。它比"所以说"肯定程度低，比"这么说"肯定程度高，一般用于陈述句前头。从句子所表结论的主观性程度来看，"看来"所表结论的客观性较强，主观性较弱，而"所以说"所表结论的主观性强，是更直接的推断关系，两者不可互换。当然，所谓"客观、主观"，也主要是从语气上表现出来的。例如：

（14）谈了一年的女朋友就这样分手了，我真是想不明白，那些刻骨铭心的山盟海誓，怎么会禁不起这么点风浪。看来，所有的誓言都是靠不住的。（卞庆奎《中国北漂艺人生存实录》）

（15）交了300元，随即赶回房间，估计要大战一场才会"收工"。"玉面杀手"张玉宁也加入了电脑游戏"战斗队"。看来他也是此中高手，身后聚集了一群围观者。（新华社2004年新闻报道）

（16）看来，把这马驹子养活喂大，是神打发她这把老骨头这辈子干的最后一件事啦……（张承志《黑骏马》）

"这样看来""这么看来"中，"这样""这么"是回指成分，所以它们衔接上下句的作用和推断的口气更明显，但由于增加了两个音节，所以其后必须停顿，且口语中使用频率都极低。例如：

（17）如《小乘经》说观音是妙庄王的第三个女儿。宋代僧人也有用"金襕茜裙"等语言来描写观音的服饰。这样看来，观音又是个女的。因此，宋代以后的观音像大都是女相。（《中国儿童百科全书》）

（18）书也是文化，是有一定的针对性和现实意义的。西谚有云："书比人长寿"。文化是永远的，读书也不会是短暂的。这样看来，文化与读书也将是一个永恒的文明主题。（1995年《人民日报》）

（19）写它的时候，真是苦不堪言，几乎每个字都要思索很久，足见他是"字斟句酌，不轻易放过一个字去"。这么看来，"年岁越大，文字就越严整"真成了规律。（《读者》（合订本））

（20）她欣喜地睁大了眼睛。这么看来，他的研究生，有门啦。她如释重负地想。愿我们大家都顺利，都成功吧。（张承志《北方的河》）

"这么说"所表达的推断关系中，猜测的成分较多，大都表示要求证实的口气，不如"看来"那样客观、肯定，因此，多用于不太肯定的陈述句和疑问性较弱的疑问句，句末不能用"吗"，也很少用"吧"。例如：

（21）这么说，你外边已经有人了？（王朔《我是你爸爸》）

（22）这么说，您是自己看书，自己寻找真理了。（王朔《一半是火焰，一半是海水》）

（23）胖护士哄好了李小兰。哄得那么巧妙那么慈爱。胖护士的职责是把门叫号，没人会因为她多做了工作而多给奖金。这么说还是有人在认真干事，还是有人在为他人着想呵！（池莉《太阳出世》）

"这么说来""这样说来"增加了"来"，根据前文推断结论的意味加强，猜测性减弱，但口语中的使用频率极低。在北京大学 CCL 语料库中，共搜索到充当语篇衔接成分的"这么说来"190 例，其中 117 例为翻译作品，"这样说来"232 例，138 例为翻译作品，其他也都是非口语的文章。可见这是两个书面语色彩很重的语篇衔接成分，尤其"这样说来"的书面语色彩更浓。例如：

（24）这么说来，我减去十岁，才四十九，还可以工作六年，我也得回机关好好干。（谌容《减去十岁》）

（25）正是这种不美满使青年莎士比亚浪迹伦敦，否则他要在斯特拉福当一辈子风趣优雅的小乡绅。这么说来，他的妻子也功不可没，当然应该纪念。（阿超《在莎翁的故乡读莎翁》）

（26）打开第五届"中国新闻奖"的获奖篇目，科技新闻寥若晨星。究其原因，记者说科技新闻难写；编者说科技新闻难编。这么说来，读者说科技新闻难看也就并不奇怪了。（1995年《人民日报》）

（27）大顺店没事儿的时候多，因此说，她大约每天，都要在胭脂河里泡一回。这样说来，那天我们在黄河边上碰见大顺店，并非偶然。（高建群《大顺店》）

（28）这样说来，人生虽痛苦，却不悲观，因为它终抱着快乐的希望；现在的账，我们预支了将来去付。（钱锺书《写在人生边上》）

总之，在由因推果类语篇衔接成分中，"所以说→看来→这么说"构成了一个意义连续统，从前往后，肯定性逐渐减弱，猜测性逐渐加强。

四、作答并释因

这是一种复合性的因果联系，一边回答对方的问题，一边说明这样回答的原因，即在回答问题的同时，对所述事实的原因加以解释。常用的衔接手段是：还不是，问题是。

"还不是"可以在单句中表示反问语气，或在复句中表达因果关系，意思都是"无非是""不过是"。例如：

（29）李：他还不是看上咱们这块牌子了，啊？（电视剧《编辑部的故事·侵权之争（上）》）

（30）咱们小时候哪有说跟大人犟的，还不是大人怎么说都听大人的。（王朔《看上去很美》）

在语篇中起衔接作用时，"还不是"后的句子多为回答对方提问，或是就对方的话加以释因，语气仍然以反问为主，同时带有不满的口气，与在复句中区别不大，但意义更虚，有时甚至可以去掉。如果要强调原因、目的，则可以和"因为、为了"连用。例如：

（31）白花蛇：还不是金喜的妈，缠了我这么一大早上；要不然，我早就来了！（老舍《方珍珠》）

（32）赖和尚摸着光头说："强不强我不是光为自己。还不是考虑到你们不再受气！过去我跟着人家也能吃上'夜草'，你们呢？"（刘震云《故乡天下黄花》）

（33）还不是因为咱们的政府好！（老舍《春华秋实》）

例（31）"还不是"可以删除，但删除后与对方语气上的衔接关系中断，显得不太连贯了。可以认为，它在句子之间所起的作用，首先是语气的衔接，其次才是释因作用。

"问题是"既可连接复句，也可衔接语篇。连接复句时，多表示有限的转折，如例（34）。衔接语篇时，不仅可以对对方所提问题或事实的原因加以解释，而且可以对他的意见表示不完全同意，即侧重于从原因出发表示否定或提出相反的意见，从而使句子带上转折的意味。在北京大学 CCL 语料库"北京话"中搜索到"问题是"54 例，其中表示实义的 18 例，连接复句 8 例，充当语篇衔接成分 28 例，可见其使用频率不低。例如：

（34）必须指出，无论在理论界或文艺界，主流还是好的或比较好的，搞精神污染的人只是少数。问题是对这少数人的错误言行

缺乏有力的批评和必要的制止措施。(《邓小平文选·第三卷》)

（35）问题是这个人为什么要这么干，他发疯了，自个给自个栽这么大的赃；太太平平的日子过腻了，想出风头？（王朔《许爷》）

（36）甲：现在纸这么紧俏，你们造纸厂得加紧建设。

　　　　乙：问题是污水改造设备安装不起来，有了厂也开不了工哪！（杨）

例（35）的实际含义是，通过否定这个人这么干的原因，来否定他这么干的事实。全句是反问语气。例（36）通过说明"污水改造设备安装不起来"向对方解释开不了工的原因。可见，"问题是"是兼有逆转和释因作用的衔接成分。

正因为"问题是"有解释原因的作用，所以在留学生的口语中，有时会跟"因为"混淆。两者的区别就在于是单纯说明原因，还是边解释原因边表示轻微转折。例如：

（37）A：我听不懂你的说（你说的话）。

　　　B：为什么？

　　　A：问题是你的说不清楚（因为你说得不清楚）。（韩国学生）

五、无条件致果

这种关系在复句中一般叫作"无条件的条件关系"，表示不论条件为何，结果总是一样的。语篇中常用"不管怎么说、说到底"等短语来衔接。"不管怎么说"主要充当语篇衔接成分，在对话中重在强调自己的意见。在北京大学 CCL 语料库"北京话"中搜索到 38 例，可见其使用频率较高。例如：

（38）不管怎么说，不管你是不是真拿我当意中人，反正我是看上你了，由此也就缠上你了，不管今后会发生什么，你是休想甩掉我。（王朔《许爷》）

（39）白花蛇：不管怎么说吧，他的主意多，心眼快，事事维新，我们受不了！（老舍《方珍珠》）

（40）这些年来，父亲变得善解人意了。好多信里总不忘让我把发表的东西寄给他。看了以后又说，我写的东西他看不懂。不管怎么说，父亲总算原谅了我。（张陵《父亲》）

由于强调结果不因条件的改变而改变，所以"不管怎么说"前还可加表示转折的连词，在本句和前句之间形成转折关系。例如：

（41）郭燕：可不管怎么说，姨妈还是给咱们俩买了机票。（电视剧《北京人在纽约》）

（42）但不管怎么说，这也不能成为暴打人家一顿的理由。（王朔《我是你爸爸》）

"说到底"也是习用短语，表示"归根结底"的意思，既可作插入语（例43），又可连接复句（例44），充当语篇衔接成分时一般需停顿。它重在强调结论的终结性，而不强调其唯一性，所以不能用"不管怎么说"替换。例如：

（43）这乔家的生意说到底是咱们自家的，我不在自家生意里入股，我去达盛昌入股，我疯了吗？（电视剧《乔家大院》）

（44）李爷，若是我败了，那怪不得别人，说到底还是咱计划不周，我乔致庸有误算！（电视剧《乔家大院》）

（45）说到底，他是他，你是你，跟个外人也差不多——明白这点也就能坦然自若了，也就没有那么多烦恼了。（王朔《我是你爸爸》）

（46）说到底，稀粥咸菜是我们民族不幸的根源，是我们的封

建社会趋稳定欠发展无进步的根源！（王蒙《坚硬的稀粥》）

（47）吴仲荣说，老五啊，国家兴亡，匹夫有责。说到底，咱可都是中国人。这事不比其他，无论如何，咱都要对得住良心，对得住家乡父老，不能让人在背后戳咱脊梁骨。（季宇《县长朱四与高田事件》）

六、对结果恍然大悟

在语篇中对结果表示恍然大悟的衔接词语主要有"怪不得、闹了半天"，是一种复合的衔接成分，其中既有语气作用，又有衔接作用。

"怪不得"是副词，"表示醒悟（明白了原因，不再觉得奇怪）。前后常用表明原因的语句"。（吕叔湘主编 1999：239）可以用于复句，也可衔接语篇。在复句中，造成结果的原因由前分句表达；在语篇中，原因或者由对方的话中说出，或者由"原来"在后面的分句中引出。"怪不得"所表恍然大悟的语气较轻。例如：

（48）两三工人叮叮当当刀斧相加，老树颤抖着淌出浓稠的褐汁终于放松土地倒下，这才发现树根原是蟠在一口深井里。怪不得无论天多旱，那龙眼果总是一泡蜜汁。（舒婷《老家的陈皮芝麻儿》）

（49）被她这么一说，文浩心里麻麻酥酥的，这个营营，真是有味道噢。怪不得她卖保险，没有自己这么辛苦，陪太太团都快陪残了，才接两张单，人家可是四两拨千斤，客户倒过来请她吃饭。（张欣《今生有约》）

（50）怪不得一辈子没出息，吃亏就在这实诚上了。（电视剧《编辑部的故事·捕风捉影》）

（51）怪不得这一个半月你对我特别体贴，从来没生过气，原

来是这样呀。(《读者》(合订本))

值得注意的是，"怪不得"之后如果有停顿，那它自己就构成独立的分句，表示"原来如此"，作用相当于没有停顿的"怪不得……"分句，后面的分句对"怪不得"本身作进一步的解释。

（52）噢，怪不得，他一定是个薄情的人，居然让你这么等，太不像话了。(王朔《人莫予毒》)

（53）怪不得，上过大学的人都心事重重，若有所思。(王朔《顽主》)

"闹了半天"既是表实义的动补短语，又是衔接语篇的习用短语，表示好不容易得到结果或结论，同时表示说话人的恍然大悟。既可作插入语，又可连接复句，衔接语篇。衔接语篇时可以停顿，也可不停顿，要看后面句子的复杂性而定，在复杂的句子前，以停顿为常。例如：

（54）闹了半天，你新潮来新潮去，骨子里还有这么多封建积垢。(王朔《一半是火焰，一半是海水》)

（55）闹了半天名人也出错儿呀，你看你把个闺女家"好看"写成了"受看"，叫我给你改过来了！（铁凝《嫦娥》）

七、关于口语中语篇衔接成分的教学

在目前的对外汉语教学中，语篇衔接成分的教学主要集中在口语课上。在口语教材中，这类语言点以词语例释或句式与表达的形式散见于课文，练习方式则主要是模仿造句或完成对话。[①] 而综合课中基本不安排篇章连接的内容。

---

① 如陈光磊主编《汉语口语教程（中级）》(北京语言文化大学出版社 2000 年版)，刘元满等编《高级汉语口语（上）》(北京大学出版社 1997 年版)，祖人植等编《高级汉语口语（下）》(北京大学出版社 1999 年版)。

我们认为，以全面提高学生听、说、读、写能力为目的的综合课，应将篇章能力的提高纳入系统教学的内容。而以提高写作能力为主的教材，更应自觉地将篇章衔接、连贯等作为教学内容的重点之一。口语教材中的语篇衔接成分部分也应更加系统化。综合、口语、写作教学相互配合，才能达到提高学生篇章表达能力的目标。

就口语教学来说，教材中出现的语篇衔接成分并不少，关键是教师应当充分重视。衔接成分的教学难点在于它们没有实在意义，只有语用意义，其作用体现在篇章中，也体现在和语境的联系中。因此，学生不能通过生词表来掌握其用法，教师也不能单纯通过课堂讲解达到教学目的。笔者在教语篇衔接成分时，经常采用如下方法，通过与话语中其他成分的联系，帮助学生掌握它们在语篇之间的衔接作用。

（一）语境法

将语篇的意思和语篇衔接成分联系起来，将语篇衔接成分同具体语境、说话者的口气联系起来，通过与语境的联系来体现衔接成分的作用。比如，在教"别提了"时，先设定语境：甲遇到了一件不如意的事，一副垂头丧气的样子，乙不知道这件事，问他："你怎么看上去不高兴？"然后提示学生以甲的口气，用"别提了"作为衔接手段来作答。结果，大部分学生都能较自然地运用。

（二）对比法

把同类或易混衔接成分联系起来，通过对比来辨析其中的异同。比如在学习"所以说"时，需要辨析它和"所以"的差异。在高级口语课上，学生造出这样的句子："如果到了各个地方，都说不同的方言，那么怎么办呢？所以说这样长久会影响经济发展的。"这是将"所以"误用为"所以说"，把客观的因果关系表达成推论因果。我们列出几组句子，通过不同句义的对比，帮助学生理解"所以说"和"所以"表达的因果关系的区别。最后给出几段对话做填空练习，使学生更好地掌握这两个词的异同和用法。

（三）搭配法

将衔接成分同句中副词、句末语气词等联系起来，通过对句中搭配关系的理解来掌握衔接成分的用法。比如，在学习"怪不得"这个衔接成分时，我们强调它常和"原来"连用，前者引出结果，并有恍然大悟的意思，后者引出原因。先设计语境：他从来不迟到，但今天因为堵车迟到了；再请学生用"怪不得……原来"造句。通过填空、完成句子、改写句子的练习使学生掌握衔接成分和其他虚词的搭配关系，往往能收到良好的效果，而且学生不容易忘记。

（四）排序法

给出一个打乱次序的语篇，其中包括若干衔接成分，让学生重新排列。以此提高语篇衔接、语篇组织能力。

第四章

表承接关系的语篇衔接成分

本章提要： 承接类语篇衔接成分指对话中用顺承的方式将双方的话轮串连起来，或独白中用顺承的方式将上下文连接起来的衔接成分。语篇中衔接成分所体现的承接关系包括 3 类：1. 时间的承接；2. 话题的承接；3. 语气的承接。本章联系对外汉语教学的实际，描写和分析表话题类承接和语气类承接的语篇衔接成分的意义和功能。

关键词： 语篇衔接　承接关系　意义　功能

一、表承接关系衔接成分的特点和类型

（一）承接类衔接成分的特点

承接关系是语篇中极其重要的关系。廖秋忠（1986）的"顺接"关系，郑贵友（2002）的"顺序"关系，就是我们所说的"承接关系"。在上述分类中，顺接、顺序、承接都跟复句分类中的承接关系类似。本章采用周利芳（2005，2008）关于"承接"关系的说法。

承接类语篇衔接成分指对话中用顺承的方式将双方的话轮串连起来，或独白中用顺承的方式将上下文连接起来的衔接成分。使用承接类语篇衔接成分的目的是使话语连贯，文气畅达。

承接关系包括时间上的承接、话题上的承接、语气上的承接。时间上的承接着眼于事件、动作的前后相接关系，即廖秋忠（1986）所说的表先后时间关系的衔接成分。话题上的承接则着眼于话题转换时的上下相承，如"说起"表示的就是话题转换时的上下相承关系，在语篇中，它总是充当引起新话题的标记，如："说起这事，他总是特惭愧特窝囊，打了一回仗连一个死的活的俘虏的敌兵都没见着，就像被人开了场玩笑；出发前他还咬破手指写了份血书。"（王朔《许爷》）后面的"他总是……血书"，都是以"这事"为话题的，"说起"的作用就是把它前面的话题转移、承接到这个话题上，使叙述上下贯通，衔接自然。语气上的承接着眼于句子之间语气、口气的连绵贯通，比如"这么说……"就是以语气表达为手段，在对话双方之间起衔接作用的，如："这么说在纽约离婚，和在北京离婚没区别。"（电视剧《北京人在纽约》）说话人顺着对方的话提出自己的看法，语气上大多是较轻的反问，不管这个反问句在语义上是对对方表示同意（多），还是提出质疑（少），语气上都和上句紧紧衔接在一起，它们的黏合剂就是"这么说"这一语气上承接的手段。

时间承接、话题承接、语气承接三者之间各有侧重，但又密不可分。正如吕叔湘先生所指出的："两件事情说在一起，当中多半有时间关系，或是同时，或是先后。但我们不一定注意这个时间关系。……可是有很多句子是只有时间关系或以时间关系为主的。"（吕叔湘1982〔1942—1944〕：370）比如，"这下"以表达时间、事理上的承接关系为主，但又有语气上的承接，有时候两者浑然难分。例如：

（1）这下，马锐可揪住不放了。（王朔《我是你爸爸》）

（2）一开始我只拿1块钱，1块钱可以打3次。后来我拿1块5，再是2块，慢慢地越拿越多，最后一次拿了100块。这下妈妈发现了，那以后爸妈开始每月给我零花钱。我猜想是他们认为我爱

打游戏不算什么过错。(姚明《我的世界我的梦》)

（3）可是，等这些女孩子们长大了，却都纷纷逃离了这个穷窝，逃离了这个草甸子，各自寻找各自的归宿去了。这下可苦了小伙子们。他们在当地找不到对象，娶不上媳妇……(宋学武《干草》)

（4）我知道你不爱我，见我烦，不会逼你娶我的——这下放心了吧钱康？(王朔《无人喝彩》)

其中例（1）（2）以时间、事理的承接为主，兼表语气上的承接关系，例（3）（4）出现在一个人独白的长篇语篇中，"这下"以表语气上的连接为主。

时间承接关系主要存在于个人独白、长篇叙述的语篇中，汉语中除了意合法以外，还常用"先……然后、接着、后来、于是、这下"等词语加以衔接，"刚、才、就"等副词也往往兼表时间承接关系。关于时间和语气上的承接，吕叔湘先生在《中国文法要略·表达论·关系》中就已涉及，并有精辟的论述。吕先生在"同时·先后"章讨论"则"和"而"表达承接关系的异同时说："第一，用'而'的句子是连绵的，常常是一气呵成的；用'则'的句子是顿挫的，仿佛是一问一答似的。……其次，'而'字所表的关系可以从绝对平行到绝对反背，换句话说，可以旋转一百八十度；而'则'字所表的关系大多数在情理范围之内。""总之，'而'字圆而'则'字方；'而'字的基本作用是平列的联络，是粘合，是无情的连系；'则'字的基本作用是上下承接，是配合，是有情的连系。"(吕叔湘1982［1942—1944］：378)所谓"顿挫""连绵"，"无情""有情"，其实都指的是上下句（包括上下分句）之间语气上的连贯与否。

在对话中，乙方对甲方的意见表示肯定或否定，本身就是语篇关系的承接和逆转，不过，主要以表达肯定和否定为目的，与用某种方式接续对方的意思继续说下去，还是存在很大的不同。因此，本章将承接关系作为语篇衔接成分的一个大类。

值得指出的是，书面语和口语的语篇衔接成分之间存在一定程度的一致性，也有很大的不同。这一点在承接关系的衔接成分上表现得尤其明显。

时间承接关系及其衔接成分比较显性，留学生掌握起来难度不大（有些口语词如"这下"也不好掌握），因此，本章暂不讨论。而对话（包括独白和长篇叙述）中的承接关系的语篇衔接，主要表现为话题承接和语气承接，尤其是后者，具有非常明显的特点，而且是留学生最难掌握的。因此，本章着重对这两类衔接成分进行考察。

（二）承接关系衔接成分的分类

如果不考虑时间承接关系，那么根据承接关系中的具体意义和衔接成分的用法，承接类语篇衔接成分可以分为2个大类，10个小类。

1. 以话题承接为主的衔接成分

①接续话题：说到，说起，提起来，说到这儿，说到这里，说到这事儿。

②引入话头：说起来，说来凑巧，说（起）来也怪，说来话长。

③补充话题：还有，另外。

④推断对方：你是说，也就是说，这么说，听你这么说。

2. 以语气承接为主的衔接成分

⑤提出己见：这样吧，我看，要我说，我看这样吧，要不这样吧。

⑥解释与纠正：是这样的，你不知道。

⑦强调真实性：其实，说实话，说句心里话，说真的。

⑧证实或补充：别说。

⑨设问承接：怎么说呢。

⑩逆向承接：别提了。

下文以北京大学 CCL 语料库为基本语料，补充个别留学生口头、书面作文的用例，具体考察承接类衔接成分各小类的语法意义和衔接功能，以及同组内不同成分之间用法的差异。

二、以话题承接为主的衔接成分

说话人运用以话题承接为主的衔接成分的主要目的，是利用它来接续上文或对方的话题，再顺承该话题表达自己的意思或补充其他意思。根据衔接成分的作用，可以分为 4 个小类。

（一）接续话题

接续话题指先用衔接成分把正在讲述的或对方的话题承接下来，再进一步就这个话题进行叙述、申说、解释。下面以动介短语"说到"为例。

在语篇中，"说到"有以下几个作用：一是引入话题，如："说到吴林栋，肖超英叹息不已，说没想到。"（王朔《过把瘾就死》）二是表示叙述的节点，最典型的用法是和指示代词"这儿、这里"连用，如："况且这个字念错并不影响整个意思的表达，本来可以混过去的，大概这位自信的刘老师反复强调了这一有力的词组，结果……说到这儿，这位李老师有些语焉不详了，大致可以猜出，坐在底下听讲的马锐举手了，纠正了老师的读音。"（王朔《我是你爸爸》）三是在对话中，凡是用"说到"的语篇，总是对方已经提到某个话题，并就此发表了某种看法或说到了有关的事情，这时，说话人用"说到"承续对方的话题，同时就该话题发表自己的看法等。如："说到人头，就另是一回事了。"（老舍《四世同堂》）再如：

（5）说到穿呢，无冬无夏的，他总穿着那套灰布中山装；假若没有胸前那块证章，十之八九他会被看作机关上的工友的。（老舍《民主世界》，引入话题）

（6）说到"老秃山"三个字，他的眼神忽然又厉害起来，像静栖的大鹰，忽然看见一只可以捉俘的小鸟。（老舍《无名高地有了名》，表示语篇的节点）

（7）说到眼神，就该你闭上嘴了；尊家的一对眼有点近视呀！（老舍《四世同堂》，接续话题）

"说到"与"这儿、这里、这事儿"等连用，表示语篇的节点，用"这儿、这里、这事儿"回指前面的话题或对方的话，接过话题发表自己的看法或说出另一件事情。目的仍然是由此引入自己的意见。如：

（8）"这就要靠信誉了。有的人往牛奶里掺水，那怎么能行呢？你再打听一下我强巴康久家的奶，都抢着要呢。"说到这儿，他显得很自豪。"不过现在，即使有人争着要，我也不全卖了。"（1995年《人民日报》）

（9）说到这里，就很难不提一提我的大姐婆婆对神佛的态度。（老舍《正红旗下》）

"说到"前面还可加上"至于、及至"等专门表示引出话题的连词，例如：

（10）至于说到二狗，他有出息也罢，没出息也罢，反正家中有钱，而且自身又勾结上了日本人，前途或许就未可限量。（老舍《火葬》）

（11）及至说到真事，他又不屑于细想了。（老舍《牛天赐传》）

"说起"跟"说到"的区别是不表示语篇的节点，而是直接承续前面的话题。既可用于独白式的语篇，也可用来承接对方的话题，例如：

（12）说起"春都"，连几岁的孩子都知道广告里那种会跳的火

腿肠。（1993 年《人民日报》）

（13）说起你叔父，现在受这罪，老天爷要是戴着眼镜，决不至于看不出好坏人！（老舍《老张的哲学》）

（14）噢，对了，说起这个，你最近怎么样？（王朔《无人喝彩》）

在给留学生教学这两个词的用法时，应当着重说明"说到"后面常常带表处所的指示代词"这儿、这里"等，表示语篇的节点，"说起"可以带"这事儿"，但不能带上面两个指示代词，也不能表示语篇的节点。在引入、承续话题的作用上，两者是相同的。

（二）引入话头

所谓引入话头，是指用衔接成分引起下面的话，而不是衔接成分后紧接话题。常用的衔接词语有"说起来、提起来、说来"等。

"说起来"是个动趋短语，最常见的用法是组成"说起来容易，做起来难"的熟语。在口语中起衔接作用时，用来直接导入自己的话，或先对将要说出的话题发表感性的评论，接着叙述有关事实，或对事实的原因加以解释。因此是个引起话头的成分，即真正的话语标记。它跟"说起"的区别十分明显："说起"的后头紧接的是话题本身，"说起来"后面并不是话题。

（15）说起来呢，稽察长和稽察是作暗活的，越不惹人注意越好。（老舍《上任》）

（16）说起来，我的姥姥也当过奶妈，那是 40 多年前的事了。（1994 年《人民日报》）

（17）说起来也怪，他没结过婚，此时一种做丈夫的心情和责任却油然而生，好像就是他的老婆抱着他的儿子出走了，正在滂沱大雨之中挨淋受冻，我不去管又叫谁管哩！（陈建功、赵大年《皇

城根》)

与"说起来"意义相近但使用频率较低的是"提起来"。它与"说起来"最明显的不同是，"说起来"一般直接引入话头，前面不需要先头词，而"提起来"前面一定要有先头词，即前面先说一个话题，然后用"提起来"衔接，引出下面的话。另外，它的语法化程度较低，因此前面可以加"一"，构成"一提起来……Vp"的类似连动式的结构。它同"说起、说到"也不同，后者是直接引入话题的，"提起来"后头一般不出现话题。例如：

（18）提起来一句话说不完，咱先找个地方住下再说。（梁斌《红旗谱》）

（19）且不说世界史读物，就拿中国史来说吧，提起来惭愧，我们中国这样一个历史悠久的文明古国，竟然至今还找不到一本可供少年们课外阅读的通俗浅显、简明扼要的中国史话之类的读物。（《读书》）

"说来"是"说起来"的减缩形式，但用法已经发生很大的变化，凝固成了一个词。其特点有二：一是后头往往带表示评论意义的词语（"说起来"后也可，但频率较低），组成"说来也怪、说来话长、说来凑巧"等；二是前面常带"一般"等修饰语，组成"一般说来、总的说来、具体说来、严格说来"等，对下面语篇的内容特点、适用范围等加以限定，这些表达方式大都带有书面语色彩。不管前后带有什么成分，其主要作用仍然是引入话头。例如：

（20）说来也怪，它们从来不吵架，总是和和睦睦，朝夕相处。（《中国儿童百科全书》）

（21）说来有趣，我国周朝时候，为了给皇后染制黄色礼服——曲衣，曾专门派人培制黄色曲霉。（《中国儿童百科全书》）

（22）一般说来，看完《马经报》，再作目测，大概可以选出前

三、四名了。(1994年《报刊精选》)

（23）严格说来，盗版书、盗版音像制品，就是文化市场上的假货。(1994年《市场报》)

"说来"还可以构成"如此说来、这样说来"等短语，表示话题的上递下接。这种表达也是书面语的长篇论述中才用，口语中使用频率很低。例如：

（24）这样说来，一个社会能容忍这类"怪人"的存在不是对大家都有好处吗？(《读书》)

（三）补充话题

所谓补充话题，是指在肯定前面的话的同时，再补充一个新话题，表达其他的情况、想法、建议、要求等。常用的衔接成分是"另外、还有"。其中"另外"是由表示他称的代词（如"另外一些人"）语法化而来，是口语中极其常用的衔接成分，既可连接复句，也可连接语篇，有时后头带着"啊"等语气词，这是典型的另起话头的手段。例如：

（25）离婚这不是目的，啊。另外嘛，咱们还可以请一些心理学家，法学家，搞一些什么学术讲评。(电视剧《编辑部的故事·谁是谁非（下）》)

（26）阿春：另外呀，王先生人也真是太客气了。(电视剧《北京人在纽约》)

"还有"首先是个偏正短语，其后经常带名词性宾语。充当连词的频率很低，笔者在北京大学CCL语料库中搜索500个包含"还有"的用例，其中只有12例是用作衔接成分。它和"另外"的区别，一是可以在几个名词性短语中表示连接，二是书面语色彩较重。如：

（27）当我把深埋在草丛里的头抬起来，凝望着蓝空，聆听着云层间和草梢上掠过的那低哑歌句，在静谧中寻找那看不见的灵性时，我渐渐感到，那些过于激昂和辽远的尾音，那此世难缝的感伤，那古朴的悲剧故事；还有，那深沉而挚切的爱情，都不过是一些依托或框架。（张承志《黑骏马》）

（28）还有就是，你必须出去死，不能死在我这里。（王朔《人莫予毒》）

（29）南方人和北方人说话不同，北方人说话"儿化音"很多，但是南方人说话舌头是直的。还有，北方人说普通话比较标准，但是南方人说普通话不太标准。……（越南学生）

（四）推断对方

推断对方指在用衔接成分承接对方话题的同时，表明下面的话是在推断对方的意思，并希望得到证实或回应，只能出现在对话中。常见的如：你是说，这么说，也就是说，听你这么说。其中"你是说"有时不连接句子，而是后接名词短语充当"说"的宾语，这是主谓短语，如："余：你是说性能功效耗电量什么的吧。"（电视剧《编辑部的故事·人民帮人民一把》）作为衔接成分，它要求证实的意味最强，所以后面往往是疑问句，多数情况下须停顿。例如：

（30）诸所长：你是说，王仁利没死，李大妈改名换姓，过去的王桂珍就是现在的李珍桂？（老舍《全家福》）

（31）达玉琴：你是说，我知道他有毛病，可是不肯说，是吧？（老舍《西望长安》）

"这么说、也就是说"之后可以接疑问句，也可以接陈述句，说话的目的是要证实对方的话或者自己的推测，"这么说"使用频率大大高于"也就是说"，例如：

（32）黄庆元：这么说，表哥觉得你的事情并不严重？（老舍《春华秋实》）

（33）噢，这么说，你也算开拓型干部了。（王朔《浮出海面》）

"也就是说"的作用是引导另一句话来表达自己对对方的话或某件事的理解，可用于对话，也可用于长篇语篇，书面语色彩较重：

（34）我突然发觉过去我是个重要人物，干重要的事，这些事重要到居然使我有理由有胆量去杀人，这实在是激动人心。也就是说我也不一直是个庸常之辈。（王朔《许爷》）

（35）也就是说，当小岛上的美国人敲响了新年元旦钟声的时候，那大岛上的俄罗斯人已经度过了新年的第一天。（《中国儿童百科全书》）

三、以语气承接为主的衔接成分

如果说前一类衔接成分主要是接着前文或对方的话题继续发表、补充某种情况或自己的意见等，那么，这一类衔接成分则主要是接着前文或对方的语气，自然、顺畅地发表自己的看法、新的情况等。也就是说，使下文与上文、自己的话与对方的话贯通一气的，首先是某种语气：说话人把语气的表达作为连接手段，引出下面的话。因此，语气承接类衔接成分的主观性都比较强，其中不少带着起提顿作用的语气词，说话人利用这种成分强调下面的话是自己的主观看法。

（一）提出己见

指利用语篇衔接成分导出自己对做某一件事情的具体意见，只能用在对话语境中，常用的衔接成分如：这样吧，我看，要我说（呀），我看这样吧，要不这样吧。之所以将它们归入语气承接为主的衔接成分，是由于这几个衔接成分的主观性很强，语气上与对方的话形成顺递关系。其中"这样吧"的"这样"指下文要说的内容（前指用法），有时带嘱咐的意味，由于末尾使用了"吧"，因此语气比较和缓。而"我看、要我说"则略强调下面是自己的意思，其中"要我说"的意思是"如果要我说的话……"，语气最为委婉，例如：

（36）这样吧，先让她在家里住上一个月，一个月以后我回家休假；到那时候，只要您舍得放手，我就让她到外边住。（浩然《新媳妇》）

（37）这样吧，从今天起，你和我女儿一起学英语，我同时教你操作微机，我家里有一台普通型号的，我还有几天时间，这几天你到我家集训一下，然后帮你联系个学习班。（王朔《无人喝彩》）

（38）我看，我看，你们俩就在咱们自己的家里成亲吧！（张承志《黑骏马》）

（39）"我看你不是什么书都不看，"吴迪笑得刚喝的一口酒赶忙吐进碗里，张着湿润的嘴唇说……（王朔《一半是火焰，一半是海水》）

（40）要我说，您该什么样儿就什么样儿，也别非撑着改头换面让我瞧着高兴，何必呢？（王朔《我是你爸爸》）

"我看这样吧、要不这样吧"是衔接成分的叠加形式，所表达的主观态度不很坚决，带有商量的口气，例不赘举。

（二）解释与纠正

所谓解释与纠正，指在承接对方的话的同时，对对方提到的某一问题、意见做出解释，或加以纠正，下文的具体意义可能是逆转的，但语气上都是承接着对方的话说下来的。衔接成分是"是这样的、你不知道"等，只能用于对话语境。

"是这样的"可以充当谓语，或单独成句表示肯定，作谓语如："这个文章是这样的，你要是一月挣六块钱，你就死挣那个数儿，你兜儿里忽然多出一块钱来，都会有人斜眼看你，给你造些谣言。"（老舍《我这一辈子》）充当衔接成分时表示解释，总是接着对方的话来说，其后要有提顿。"这样"起前指作用。例如：

（41）是这样的，我写了一些东西，都是冷门，任何人看了脑袋都"嗡"一下，傻半天——我这么说没一点言过其实，很多看过的人都这么认为，认为起码可以得个全国奖，可是……（王朔《顽主》）

（42）是这样的，我昨晚还听巧玲说，公社可能还要叫咱们学校增加一个教师。（路遥《人生》）

"你不知道"后边可以带宾语，如"你不知道这件事"。充当衔接成分时也必须停顿，主要用于解释和纠正。它实际上是主谓短语的陈述作用虚化以后形成的衔接成分。例如：

（43）不不，你不知道，我这饭店设备是一流的，可服务质量就是上不去，干着急。（王朔《许爷》）

（44）"你放心，这不是偷来的。"他误会了我犹豫的原因，说："我知道你们念书人不吃偷来的东西。你不知道，我跟你实说了吧：我一来这达儿，就在两边荒地上种了一大片豆子。熊！这达儿荒地多得很。"（张贤亮《绿化树》）

（45）"我看哪，"小顺儿的妈很费了一番思索才向丈夫建议，"还是照往年那么办。你不知道，今年要是鸦雀无声的过去，他老人家非病一场不可！你爱信不信！"（老舍《四世同堂》）

（三）强调真实性

"强调真实性"是指，利用衔接成分引出下文的同时，强调自己的观点或动机的真实性。常用成分有：其实，说实话，说心里话，说真的。

"其实"是口语和书面语都常用的关联性副词，后头是否停顿比较自由，其他词语后则必须停顿，而且都可以插在呼语之后。例如：

（46）其实，这首歌尽管堪称质朴无华，但并没有很强的感染力。（张承志《黑骏马》）

（47）说实话，自打你到我们家，那头一回，我看你那么迷着小兴儿，心里就犯上疑惑了。（陈建功、赵大年《皇城根》）

（48）说实话，他也有把子年纪了，吃惯了现成饭，乍一干起活来，确实够他受的。（老舍《鼓书艺人》）

"说真的"有时在强调真实性的同时，还伴随着轻微的让步意味，所以能引导让步转折句，如：

（49）说真的，那虽然是她唯一的一件心爱的衣服，可是她并不为心疼它而生气。（老舍《四世同堂》）

（50）说真的，那个时候你不该不在哟……那些事，实在不能甩给一个女人家呀！（张承志《黑骏马》）

（四）证实或补充

"证实或补充"指在承接对方的同时，对他的观点加以证实或补充，口语中用"别说"来衔接，前面往往带"你"或"还、（可）也"等，其中带"可也"略有转折意味。例如：

（51）甲：更错了，有的一辈子结十好几次，结完婚离婚，离完婚结婚，结婚登记像到医院挂号似的，最高纪录半年俩。最后连他媳妇叫什么名字都记不准啦。

乙：别说，还真有这样的。（杨）

（52）你别说，是这么回事，就连这坐在一块儿拌拌嘴的工夫都难得。（陈建功、赵大年《皇城根》）

（53）四嫂：娘子，可也别说，他要不是一个心眼，说干就真

干，为什么单派他看自来水呢？（老舍《龙须沟》）

（54）李：你还别说，老刘说这个，还真不失为一条妙计。（电视剧《编辑部的故事·侵权之争（上）》）

"别说"还有表示制止、让步等多种意义和用法①，所以，充当衔接成分表示"证实、补充"的用法频率并不很高，在北京大学 CCL 语料库"北京话"中，共搜索到带"别说"的例句 208 句，表示该用法的有 33 条，只占 15.9%。在教学中，教师应向学生指明"别说"是个多义、多用虚词。

（五）设问承接

"设问承接"即利用设问的手段表示承接，指听了对方的问题和意见以后，先用衔接成分表示沉吟，或缓和一下语气，接着说明或解释对方提出的问题，用"怎么说呢"来衔接。这种表达法类似修辞中的"设问"，不过，它的主要作用是通过疑问来表示语气上的迟疑、思索，有时也有吸引对方注意的效果。"怎么说呢"既可充当谓语，也可在长篇语篇、句子中作插入语，如："我妈妈是那样一种人，怎么说呢，是个地道的有中国特色的妈妈。"（王朔《浮出海面》）作语篇衔接成分的例如：

（55）咳，怎么说呢，你有点像我们这行里的穴头。（电视剧《编辑部的故事·人民帮人民一把》）

（56）郭燕：其实，怎么说呢，过去我从来没有觉得我会离开他。（电视剧《北京人在纽约》）

---

① 关于"别提了"以及"别说"，可参考侯瑞芬《"别说"与"别提"》（《中国语文》2009 年第 2 期）。

（六）逆向承接

"逆向承接"指语气上并不顺承对方的话，而是在承接对方的话题前，先用表示不满的感叹语"别提了"开头。（侯瑞芬2009）其作用是"未成曲调先有情"，即用表达否定情绪的感叹性成分开头，引起对方注意，然后进入正题，说出自己感到不如意的或很糟糕的事情。在言语中，"别提了"更常见的用法是作谓语或独立构成感叹句，后者如："牛：诶，别提了。"（电视剧《编辑部的故事·谁是谁非（下）》）即使处在上下句连接的位置上，有的"别提了"的意义也很实在，作用是制止对方提到某件事情，后面的话仍然是以"提"为中心，还不应分析为衔接成分。例如：

（57）好了，别提了，别提了，说出来真是笑煞人！（赵丽宏《曲公失壶》）

"别提了"充当衔接成分时意义很虚，主要作用不再是制止对方再提某件事情，而是引出自己要说的不如意的事情，下面的话也不是围绕"提"来的。例如：

（58）王：别提了，我跟您说呀，我是选错了行儿，进错了门儿。（电视剧《编辑部的故事·胖子的烦恼》）

（59）别提了，敢情这家伙也是个老滑头，我用尽了办法，什么也套不出来，他只说，很快就会确保这一带的治安。（雪克《战斗的青春》）

四、余论

将承接性衔接成分划分为时间的承接、话题的承接、语气的承接3小类，尤其是划分出语气的承接一类，是本书的一种尝试。由于语言表达中衔接成分的多义性和多用性，小类与小类之间有时很难划然而别，难免会有交叉和模糊地带。不过，我们认为，在宏观和总体上对语篇衔接成分进行分层次的划分、考察，在对外汉语教学中具有十分重要的意义，比之微观上对个别衔接成分意义、用法以及语法化过程的分析，这种研究自有其独特的价值。这方面的研究尚属起步阶段，需要大家共同努力。

第五章

"提及"类衔接成分的用法及其辨析

本章提要： 现代汉语的"提及"类衔接成分通过话题的引入表示对话和上下文之间的承接关系，是承接类语篇衔接成分的下位类型。本章根据结构将"提及"类衔接成分分为 2 个小类：1. 说到，说起，提起；2. 说起来，提起来。并在各小类内部解释、辨析这些成分的意义和功能。

关键词： 语篇　提及类　承接关系　衔接成分　辨析

　　汉语语篇中有一类表示"提及"意义的衔接成分，其语篇功能是引入上文曾经提到的某个对象、某件事情作为话题，实现不同陈述、不同话题之间的承接关系[①]，既可用于独白式的连续话语中的后续句，衔接前后句子；也可在对话中接续对方的话，尤其是承接对方提到的某一话题，实现话轮转换。不论用于同一人的连续话语还是用于对话，都要在接续前文的话题之后，接着陈述有关的事件或表达自己的观点。从语篇衔接成分的分类来看，它们属于"承接"类衔接成分（廖秋忠 1986，周利芳、邢向东 2009）。李秉震、张全生（2012）讨论了"说到"的话

[①] 李秉震、张全生（2012）将话题分为"句子话题和篇章话题"两类，并指出"说到"可以引入句子话题和篇章话题。笔者赞同李文的分类和分析。不过在讨论"提及"类衔接成分（包括"说到"）引入话题的功能时，对具体话题及其与述题的关系的分析角度略有不同。

语功能，指出它具有重新引入话题的功能。本章在前人研究的基础上，集中探讨"提及"类衔接成分的语篇功能，并对其中的异同加以辨析。

从内部构成的角度，"提及"类衔接成分可以分为 2 个小类。第一类是"说到、说起、提起"，内部结构是"动结"式，是由及物动词语法化而来，引导的话题在其后作宾语。第二类是"说起来、提起来"，内部结构为"动 + 起来"，由"动趋"式语法化而来，带宾语的时候意义比较实在，作衔接成分时不带宾语。第一类本身必须携带话题成分，第二类本身不携带话题成分，有关的话题只出现在上文中。

这两类衔接成分不仅内部结构不同，衔接作用也有较大区别。下面分别进行描写、讨论，必要时，在各类之间和各类内部作适当的辨析。

一、说到、说起、提起

"说到、说起、提起"的共同作用是通过重新引入话题而实现语篇的"上递下接"（李秉震、张全生 2012），即其后都能引入一个话题，而这个话题是上文正在谈论的，或已经提到的。

（一）说到

当上文或对方提到某个事情时，用"说到"引出这个事情（或事情的相关要件）作为话题，该话题成分在结构上可以是名词或名词短语。所以从句法来看，"说到"可直接带名词或名词短语作宾语。例如：

（1）"这个风气太不好，好书就是好书，不用哪个名人做序抬身价。"适夷老人说。说到现在出版界的情况，这位干了一辈子出版工作的老人最大的激愤是好书出不来，而坏书却肆意泛滥。（孙小宁《生无所息的楼适夷》）

（2）我们提出要搞建设，搞改革，争取比较快的发展。说到改

革，其实在一九七四年到一九七五年我们已经试验过一段。(《邓小平文选·第三卷》)

上举例(1)中"现在出版界的情况"是新话题，例(2)"改革"是新话题，它们或在上文出现过，或是对上文内容的总结。

有时候，"说到"引导的话题不一定明确地在上文出现，只是包含在上文的有关内容中。例如：

(3)夫妻俩一边制毛围巾一边闲话家常。说到今后的生计问题，安娜停住了手里的活计，对郭沫若诉苦道："和儿已经九岁了，超过了入小学的年龄已经三年。"(桑逢康《郭沫若和他的三位夫人》)

该例中，"今后的生计问题"是"说到"引导的话题，并未出现在上文中，但它是"闲话家常"的内容。

(4)冬季和春天，则可慢慢恢复，到了盛夏，身体便可恢复得很好。所以，施先生有几个月没有走下他的"北山楼"了。说到锻炼，他说："我没有锻炼，我就是在房间里跑来跑去。"施先生称他从来没有刻意去锻炼过。(吴霖《智慧长者施蛰存》)

该例中，"锻炼"与上文的内容有关，但并未在文中出现过。

(二) 说起

"说起"所引导的话题在前文有所交代，这个话题可以是一个人或一件事，由代词或名词充当，也可以是主谓短语，用"说起"直接引出，常常用于追述和补述与上文有关的某件事情。例如：

(5)1935年3月，她突然接到一个电报"速回上海排《娜拉》"。发报人是范伯滋。说起范伯滋，还有一段故事，那是在一次孙达生邀她去郊区辅导业余剧团时认识的一个小伙子……(王素萍《她还没叫江青的时候》)

（6）她老伴老孔在旁边插话道，说起树的品种和数量，他们也仅仅只知道一个大概数，因为确实太多了。（1994年《报刊精选》）

（7）在高邮市武安乡，我们见到了56岁的农民赵松友，说起少生快富，他的喜悦之情，溢于言表。（1994年《报刊精选》）

（8）播映后的第二天，法国报纸、电台对此出现了一片叫好声。特别是饰演"程蝶衣"的张国荣，更是得到了一致首肯。说起张国荣饰演"程蝶衣"还属偶然。几年前，张国荣已从香港移居加拿大。偶然回港加盟某片，也纯属客串。（王大庸《〈霸王别姬〉在戛纳》）

例（5）—（7）由专有名词和名词短语充当引入的话题，例（8）"张国荣饰演'程蝶衣'"是主谓短语充当新话题，"还属偶然"是述题，"几年前……"则是对此述题的进一步展开。

（三）提起

"提起"引导的话题也是上文提到的人或事。"提起"有一个突出特点是，它经常直言"提起……的/这个话题"，凸显其引导话题的作用。此时引入的话题一定是上文曾经提到的一件事，因此结构可以很复杂，并可用"这个"回指。例如：

（9）王涛唱歌经常得到父母的指点。提起儿子唱歌的话题，王涛的父亲王世俊的兴致甭提有多高。（1995年《人民日报》）

（10）大半个世纪的沧桑世事赐予了姑太们一种坦然平和的气质。提起一辈子不结婚这个话题，她们并不显得激动，黄姑说，在顺德均安，女子不结婚十分普遍……（新华社2003年新闻报道）

（11）王蒙委员发言后不久，记者就"帝王戏"泛滥现象采访了人称"巴蜀鬼才"的著名剧作家魏明伦委员。提起这个话题，魏明伦的情绪立刻激动起来："我非常赞同刚才王蒙的发言，现在一

打开电视，'明君圣主'满天飞……"（网络语料）

"提起"引导的话题之后，述题部分可以是无主句，包括"兼语句、有字句"等，其后的篇章展开对该话题的陈述。例如：

（12）另一块写着：1861 年 2 月 22 日，林肯曾在这里升起了国旗。提起林肯，不禁令人想起他领导合众国反对奴隶制度、反对制造"两个美国"、维护美国统一的艰苦卓绝的斗争。（1998 年《人民日报》）

（13）他还在报刊上发表了一百多篇科普作品，如科学幻想小说《飞向冥王星的人》，科学童话《圆圆和方方》。提起《圆圆和方方》，还有一个小故事哩！一天，有一个孩子问他："为什么象棋的棋子是圆的，军棋的棋子是方的？"（《读书》）

（14）他叫孙志礼，今年 67 岁，共产党员，村计生协会长。提起他创办"孙里村人口讲习所"，还有一串动人的故事。（1996 年《人民日报》）

述题部分另带主语的如：

（15）土家人过去都住在吊脚楼里，往往楼上住人，楼下养猪，家里经常臭气熏天。提起往昔，村民李发富有句顺口溜："黑屋黑瓦脊，出门满脚泥；人在猪圈大小便，房前屋后看不得。"（新华社 2002 年新闻报道）

（16）阎淑贤，是徐水县考生刘红杰的母亲。提起这次考试，她非常激动，拉住笔者的手说："……"（1998 年《人民日报》）

（四）"说到、说起、提起"的异同

1. 相同之处

"说到"等的作用都是引入上文提到的某个对象或某件事情作为新话题，所以经常能够互换。如下面两例中，"说起、提起、说到"可以互换：

（17）在今天说起方便面，这几乎是全国上下无人不知，无人不晓的食品，说起方便面的发源地，也许有些人能知道是在日本，但要问方便面的始创者是谁时，恐怕知晓的人凤毛麟角。（1994年《报刊精选》）

（18）她最不喜欢做的事，恐怕就是买菜和烧饭了。提起她煮饭的历史，就我所知道的，可以追溯到她刚出国的时候。（《读者》（合订本））

同时，述题部分都可以带泛指性的主语"人们"，其中"说起、提起"尤其突出，"说到"略少。例如：

（19）然而，这里的"一冷一热"却使这座城市名扬世界。说到冷，人们自然会联想到冰寒透骨的西伯利亚寒流；说到热，是因为这里……（2000年《人民日报》）

（20）今日卫东林场绿树成荫，3万多亩沙荒变良田，粮、棉、油产量成倍增长，农业得到了较快的发展。说起这今昔巨变，人们总要提起治沙迷张振江。（1995年《人民日报》）

（21）我完全同意您的意见。说起索引，人们有一误解，以为有了电脑，以后索引可以不要了。事实上恰巧相反。（《读书》）

（22）鼠年已至。提起鼠，人们会立刻想到小眼溜圆、尖嘴细尾、令人厌恶的"老鼠"。那么，老鼠到底何时起源？鼠类究竟有多少？（1996年《人民日报》）

（23）蒙古地处亚洲腹地，毗邻中俄两国。从地图上看，形似元宝。提起蒙古，人们或许多以为其莽原浩瀚，大漠无边，苍凉而又神秘。（1995年《人民日报》）

2. 相异之处

第一，从与上文的关系看，"说起、提起"引导的话题往往紧接前面提到的某个人和某件事，比较具体，多数要重复这个人或事；但"说到"引导的话题往往是一件事、一个概念，而且比较宽泛，也不一定具体到前面提到的人和事，所以不一定重复作为话题的某个成分。如例（24）中，"说到"不能换用"说起、提起"，例（25）"提起"可换用"说起"，但不能换用"说到"：

（24）他说，年轻人埋头揣摩学作八股文，却不知道司马迁、范仲淹是哪朝人，也不知道汉高祖、唐太宗是哪朝皇帝；如果说到亚洲地理、欧洲政治，他们更是目瞪口呆了，这样的人如何能够治理国家！（阴法鲁、许树安《中国古代文化史（三）》）

（25）经她查扣的物品有珍贵的文物、猎隼、珍珠、手表、金银首饰等。提起她，走私分子既恨又怕。（2000年《人民日报》）

第二，"说起、提起"引入的话题，往往可以是述题中动词的宾语，"说到"一般不具备这一特点，说明"说起、提起"的语法化程度低于"说到"。如下面2例，"说起／提起＋话题"甚至可以分析为连贯复句的前分句，如果换用"说到"，句子的连贯性就大为减弱：

（26）这位秀气俊样的姑娘是甘泉人，叫张泉颖。她知道路遥的《人生》就是在她们甘泉写成的。说起这位故人，仍然深深怀念。她说，这间病房里过去摆放着一张钢丝床，路遥住不惯，换成了硬板床。（晓雷《路遥故乡行》）

（27）我认识那里好多人，包括赶马帮的流浪汉，山上的老景颇等等。提起会修表的王二，大家都知道。我和他们在火边喝那种两毛钱一斤的酒，能喝很多。（王小波《黄金时代》，周按：会修表的"王二"即"我"）

第三，上面两点都反映，"说到"的语法化程度相对较高，与此相联系，它使用的宏观语境可以很抽象，如议论文、演讲等，但"说起、提起"出现的宏观语境比较具体，用在叙事性文体中非常合适，用在议论文

中有时就不够得体。所以下面的例子中"说到"不能换用"说起、提起":

（28）至于说到我们自己，一定要承认：不仅普通的党员，而且有不少相当负责的干部，都存在着不同程度的思想不纯、作风不正的问题。（《邓小平文选·第三卷》）

（29）比如说到"砖有什么用途"，很多人都能想到能用它来造房子，但拓宽视野来看，还可以用它来铺路、砌花台，还可以用它来敲钉子、垫东西等等。（《中国儿童百科全书》）

有时，"说到"所引导的话题只是下面要叙述、说明的内容的背景，"说起、提起"一般不这样用。例如：

（30）说到成都，公共（电）汽车司售人员的服务质量的确很好，无论乘客来自何方、年龄大小、衣着如何，只要你有要求，售票员都会尽可能地为你提供方便，即使因能力有限而无法办到，他们也会很客气地向你解释并指给你最佳的乘车路线。（1993年《人民日报》）

第四，"说到"后经常带上"这儿、这里"等，充当"转换话题"的衔接成分（详另文讨论）；"说起、提起"没有这两种用法，但可以在话题之后缀一"来"字，实际上是由"说／提起来"引导话题，不过用例不是很多。例如：

（31）常言道："百善孝为先，万恶淫为首。"足见，淫乱之人是可耻的，最起码是很不道德的。说起礼义廉耻来，文人是最为在行的了，也是最爱乐于挂口的事了。可是，在"色"字与女人身上，文人却往往搬起石头砸自己的脚。（网络语料）

（32）记者在他家看到，来自不同村庄的农民们或睡在床上，或打着地铺，有的舒舒服服地抽着旱烟。提起刘道中来，他们感动得直竖大拇指，可刘道中摆摆手，淡淡地说："他们比我更苦。"（新华社2003年新闻报道）

第五，当与关联词语连用时，在"如果、只要、假如"等连词之后一般只能接"说到"；而在"一……就……"格式中，则只能用"说起、提起"，如："她一说起这事儿就掉眼泪。""他一提起在内蒙古的日子就眉飞色舞。"此处不赘。

二、说起来、提起来

"说起来、提起来"的内部结构为"动＋起来"，由动趋式语法化而来，带宾语的时候意义比较实在，作衔接成分时不带宾语。它们的共同特点是，本身并不携带话题成分，而主要起衔接作用。

（一）说起来

"说起来"的宏观语境是叙述当下发生的事情，其中的时间跨度可以很长。其主要功能是在叙述、议论某些事情的时候，插入同一句话的主谓之间、分句之间，在舒缓语气的同时，表示顺承、转折类关系；也可用于一个语段的不同句子之间，衔接话题，有时可以衔接相反的或不同的观点。

1. 用于同一个句子内部，主要作用有下列几点。

第一，在同一句话的话题与述题之间起衔接作用，目的是舒缓语气，并有追根溯源的意味。例如：

（33）小墩子跟群龙的特殊缘分，说起来，是起始于一根三分钱的红果冰棍。（刘心武《小墩子》）

（34）兰州牛肉面名扬全国，说起来也是近几年的事。（1994年《报刊精选》）

（35）学校愿意办班，家长愿意让孩子花钱去上；出版商愿意出辅导教材，学校愿意代学生购进，说起来全是"愿打愿挨"的

事。(1994年《报刊精选》)

(36)在外人眼里,我的人生之路似乎是越走越窄了,但在我自己,自参加工作以来,几十年的风风雨雨,说起来,为的都是圆一个梦,一个寻找自我并完善自我的梦。(1994年《人民日报》)

第二,在连贯、因果复句中起衔接作用,表达顺承关系。从功能来看,"说起来"前后的内容属于同一话题之下的不同述题。这时,"说起来"的意思相当于"其实"。例如:

(37)大半辈子,最钟情的就是漫画了,但始终将它放在第二位上,又耽误了22年的时间,说起来还没正儿八经地搞过创作呢,中国著名的漫画家到了这会儿,才真正地将漫画作为自己的第一职业,全心身地投入。(1994年《报刊精选》)

(38)而且也有消息传来说,一些最早进入市场的作家,已经开始"发"了,最得意的人,年收入居然达到了几十万元,说起来,也真是让人眼红。这时候,柳溪同志不止一次地对我说过:"咱们比不了。"(林希《柳溪的合格答卷》)

第三,用在转折复句的从句中,表示让步关系,意思相当于"尽管"。最常见的套语是"说起来容易做起来难"。例如:

(39)这样,即使偷捕了鱼,饭店不敢卖,食客也不敢吃。湟鱼的生存条件好了,数量正在增加。这说明,保护野生动物,说起来困难很多,但只要认真去做,抓住关键环节,一定能成功。(《当代》)

(40)增加收入,说起来只有四个字,真正实现却相当困难。(1993年《人民日报》)

(41)据说全国已有600多家电视台,说起来数量不少,但这些台覆盖面不一样,有全国性的、地方性的,地方性的又分成省级的、市级的、县级的……(1993年《人民日报》)

第四，用在因果复句的前后分句之间，大多数情况下结果分句在前，原因分句在后。"说起来"本身带有一点假设的意味，相当于"要说的话"，例如：

（42）阿英能有今天，又当上党员，说起来，还要谢谢秦妈妈和张小玲哩，全靠她们帮助领着阿英往正路上走！（周而复《上海的早晨》）

（43）江苏大丰县沈灶镇人口 2.8 万，却养有 50 多万羽鸽子，人均 200 羽，说起来，这和镇党委书记杨桂庭是个"鸽迷"密不可分。（1994 年《人民日报》）

（44）只是尘劳草草，一饭艰难，说起来，采菊东篱，倒像是奢望。不过常常放在心中，想一想，也是有趣。（《读书》）

2. 用于不同的句子之间，作用是衔接前后相关的不同话题，具体体现在以下几个方面。

第一，在前面所述话题之外，接引出另一个话题，或者补充、追加一个与上文有关的话题，它本身并不携带话题。表达此功能时，"说起来"的意思是"说起甲来，就想到乙"。例如：

（45）其实张道藩不只是有钱而已，他非常懂女人的弱点和心思。说起来，也真是可悲，我母亲只不过是他无数女人中的一个，所不同的就是母亲与他保持了最长久的关系。（范泓、徐忻炜《悲鸿之女谈两位母亲》）

（46）沈阳市会计师事务所签署的验资报告，持有这份报告的那家中外合资企业要求海关据此给予进口汽车免税的优惠待遇。说起来，沈阳市会计师事务所成立近 10 年了，在东北地区的同行中，它规模最大，注册会计师也最多。（1994 年《市场报》）

（47）在我很小的时候，父母的工作从北京到了上海，所以，我就跟他们到上海，我在上海开始上小学。说起来，北京是我的出

生地，上海是我居住的地方。(陈丹燕《我的写作与上海》)

例(45)包含2句话，有2个话题，其中"张道藩"是话题一，"我母亲"是话题二，由张道藩联系到我母亲；例(46)的话题一是验资报告，话题二是沈阳市会计师事务所，由验资报告转接到它的提交单位；例(47)前文的话题是"我"，"说起来"顺势接引新话题"北京……，上海……"。

第二，"说起来"有时可以衔接相反的或不同的观点，略微带有转折性，作用相当于"不过"。例如：

(48)但金绮纹的态度使对方极度失望，她冷冷地说："不可以了。我一个人过惯了。说起来，我还得谢谢你。你当年卷包一走，倒让我成了个自食其力的人。在新社会里，我懂得了为人民服务的道理。"(刘心武《如意》)

(49)老大娘说，"一见面我就喜欢你，疼你。我是六七十岁的人了，又住在城关，好姑娘好媳妇，看见的不知道有多少，说起来，哪个也比不上你。你是我心尖儿上的人。"(孙犁《风云初记》)

例(48)中"不可以了。我一个人过惯了"是观点一，"我还得谢谢你……"是观点二，两者之间是转折关系。

(二)提起来

"提起来"使用的宏观语境是叙述以前发生的事情。句法上既可用于同一句子的分句之间，也可用于不同的句子之间。它的主要功能是将话语中的过去和现在联系在一起。多数情况下是在叙述往事时，用"提起来"将话题、场景转换到现在，也有在叙述当下的事情或表达某种观点的时候，将话题、场景转换到过去。细分起来，其衔接功能可以归纳为以下三种。

1. 表顺承关系

"提起来"可以在一句话之内，衔接不同的分句，表达顺承关系。从句法性质看，它介于紧缩复句前分句和插入语之间，语法化程度较低。这时上下文可能出现"提"字，或者有"别提了"之类词语，通过"提"字的间隔反复加强句子的连贯性。例如：

（50）她的情郎是江湖中一个德高望重的著名高僧。叶二娘在江湖上很坏，提起来无人不切齿痛恨，她把自己的名声越搞越坏。可是，她却始终不肯吐露自己的情人是谁，她不能坏了她情郎的名头。（孔庆东《金庸小说中的悲剧爱情》）

（51）这么一想，我们大家都不敢再提这件事了，提起来心里就发乱。可是我们对那俩孩子改变了点态度，我们就看这俩小东西可怜——我们这条街上善心的人真是不少。（老舍《毛毛虫》）

（52）毛丰美：这个就别提了，提起来让人伤心呐！（1994 年《人民日报》）

2. 表达对过往事实的主观评价

"提起来"最常见的用法，是位于句（分句）与句（分句）之间，承续前一句的话题，接引说话人带有强烈感情的主观评价，往往是一句感慨。在主观评价或感情表达之后，可能就此结句，也可能引出新的话题。不管是否引出新话题，所发出的感慨、议论都同过去和现在的联系有关。例如：

（53）可见，近半个世纪的风风雨雨，使中国人的价值观念和人生态度发生了许多变化，提起来，不免感慨万千了。（1994 年《报刊精选》）

（54）回忆中就浸透了摇船人催橹歌声，且被印象中一点儿小雨，仿佛把心也弄湿了。这地方在我生活史中占了一个位置，提起来真使我又痛苦又快乐。（沈从文《老伴》）

（55）蔬菜的命运，也和世间一切事物一样，有其兴盛和衰微，提起来也可叫人生一点感慨，葵本来是中国的主要蔬菜。《诗·豳风·七月》："七月烹葵及菽"，可见其普遍。（汪曾祺《葵·薤》）

（56）出国留学了两年就得花很大的一笔钱、（ ）所以他们俩就有很大的负担，这件事提起来我心里小（有）点儿不舒服（ ）而且［还是］很可怜他们。（暨南大学中介语语料库）

例（53）（54）由远及近，例（55）由近及远，都是用"提起来"接引主观评价与感慨，同时将过往与当下联系起来。例（56）是留学生作文，"提起来"插入"这件事"与"我……"之间，用法是对的，当然也可改为"提起这件事来"。

3. 表达追述

"提起来"也常用于表达"追述"，在一个陈述、感叹之后，回溯、描写与前一句话有关的事物，这时"提起来"后仍经常带着表达主观评价、感慨的话语，后头才是追述的内容。这种语境下，有时也可以用"说起来"，但多数还是用"提起来"。如下面3例，都不能换用"说起来"：

（57）往事不提也罢！提起来，我真该打自己，天培给了我二十万，如果我好好利用，今天，你也不用卖唱，你可以继续念书。（岑凯伦《合家欢》）

（58）那是怎样的一个小瓶啊，那个小瓶可还存在吗，提起来倒是非常怀念了。那瓶的大小如苹果，浑圆如苹果，只是多出一个很小很厚的瓶嘴儿。（李广田《回声》）

（59）生活史上的大创伤是敌人的炮楼"戳"着的时候，提起来，她们就黯然失色，连说不能提了，不能提了。那个时候，是"掘地梨"的时候……（孙犁《织席记》）

（三）"说起来"与"提起来"的区别

"说起来"与"提起来"仅有一字之差，表面上意思接近，功能一致。实际上差异很大，大多数情况下不能互换。即使能够互换，也是有一定条件的。

1. 表"插入式衔接"时的异同

"说起来"常常引导一个谓词性成分，在连贯的话语中横插一句，插入的目的是补充作者的评价、感叹等，去掉这句话，话语仍然完整，甚至更加连贯。这一用法可以概括为"插入式衔接"。这种语境下也可使用"提起来"，但并不能随意换用。下面2例中，例（60）的"说起来"不能换用"提起来"，例（61）可以互换，能否互换的关键在于"说/提起来"所涉对象的性质，如果涉及的对象是一个"名物"，且比较具体、明确，那么就可以互换；如果所涉及的对象是一个事件，且比较抽象复杂，就只能用"说起来"。例如：

（60）单位的孙书记听后很高兴，忙置办酒菜，款待二位，临走又给了盘缠。第二天，我到另一个镇的一个厂里办事，说起来也真是冤家路窄，这一老一少又在这儿"寻雷锋"。吃过饭，他们又向厂长要回去的路费。（1995年《人民日报》）

（61）相比之下，社会科学方面的读物仍然很少。且不说世界史读物，就拿中国史来说吧，提起来惭愧，我们中国这样一个历史悠久的文明古国，竟然至今还找不到一本可供少年们课外阅读的通俗浅显、简明扼要的中国史话之类的读物。（《读书》）

2. 表追述时的异同

"说起来""提起来"都可用于追述，即用"说起来话长"之类短语引出新的话题，对以往的事情加以追述，常用在小说、戏剧中对话的开头。其中，"说起来话长"熟语性强，搭配比较固定，"说来话长"已成为口语成语。"提起来"则可以和"话就长""一句话说不完"等句子、短语连用,"提起来+话长"的熟语性差,变化多样,也没有"提来话长"的说法。例如:

(62)虽然这十篇是经过了一番剔选,可是我还得说实话,我看不起它们。不用问我哪篇较比的好,我看它们都不好。说起来,话可就长了:我在去年七月中辞去齐大的教职,八月跑到上海。(老舍《樱海集·序》)

(63)严志和说:"提起来一句话说不完,咱先找个地方住下再说。"(梁斌《红旗谱》)

(64)"提起来话长得很!"瑞丰的小干脸上居然有点湿润的意思,像脸的全部都会落泪似的。(老舍《四世同堂》)

(65)冯老兰说:"提起来话长呀!就是跟东锁井朱老巩家那件事情。"(梁斌《红旗谱》)

(四)"提起来"的语法化

"提起来"的语法化程度低于"说起来"。其中有一个重要特点是,"提起来"经常出现在句子内部,这时,它的性质比较复杂,有时是句子成分或从句,有时是插入语,需要具体分析。

首先,"提起来"与"就""便"等副词共现,组合为固定搭配"一提起来就/便……",构成条件复句,"一提起来"作从句,"便/就……"为主句,"提起来"的宾语隐含在前文中,"一提起来"在上下文中已经具有衔接的作用,但从它在句子中的功能看,还应分析为从句。这种用法正是它充当插入语的来源。例如:

(66)周涛曾多次给我讲过这个案子,对此他愤恨不已,一提起来便泪流不止,一直盼着此案能早日破获。(张平《十面埋伏》)

(67)要想办法培养出几个羊把式,社里的羊群就会大发展;

往后谁一提起来就要说，我跟杜大叔学的本事，多亏那个老头子，这不就是自己对国家、对集体的贡献吗？（浩然《夏青苗求师》）

（68）一提起来，就是"几几、几几"，其结果是，在呼家堡，辈份和姓氏的力量自然就淡了许多。（李佩甫《羊的门》）

再进一步，"提起来"前后不带"一"和"便、就"，但带有其他副词，"提起来"前面的成分具有［＋人］的语义特点，和"提起来"可以构成主谓关系，这时，"提起来"同后面的谓词性成分构成紧缩式条件复句。应当是从"一提起来便……"格式进一步省缩而成。例如：

（69）把人调出来，说来令人感动，人间万事皆可解，唯有情字无解人，知道妈在那阵子是怎么设法和爸见面的人，如今提起来都还会鼻酸，所以不提也罢。（《读者》）

（70）都一律叫他"七舅舅"。就是我父母以及八娘曹叔他们，提起来也是说"你七舅舅"如何如何，而不说成"你七舅"如何。（刘心武《七舅舅》）

（71）这样的万元户，谁提起来都竖大拇指。（1996年《人民日报》）

第三步，前面的成分不具有［＋人］的语义特征，至少是不能同"提起来"构成主谓关系。这时，"提起来"句法上可以分析为插入语，放在话题和述题之间，目的是交代述题的条件、背景，形式上仍然像一个紧缩式条件复句的从句，功能上已经属于衔接成分了。例如：

（72）前几年，有机会到邯郸——那是个出典故的地方。黄粱一梦，提起来天下皆晓，黄粱梦村因此成了旅游景点。（1998年《人民日报》）

（73）"娶媳妇盖厦，提起来害怕""一起红白事，半辈爬不起"的歌谣，正道出了这些淳朴可敬的村民们的忧愁。（1994年《报刊精选》）

（五）小结

总之，"说起来"与"提起来"的差异可以概括为以下三点：第一，"说起来"引起话题的功能强，"提起来"用于追忆的功能强。第二，当提及一个事物时，用"提起来"多，当提及一件事情时，用"说起来"多；当前文对提及的事物有所交代时，用"提起来"多，没有交代时，用"说起来"多。第三，"说起来"的语法化程度高，"提起来"的语法化程度低。

三、结语

"提及"类衔接成分的整体功能是将上文所说的内容承接下来，引为下文的句子乃至篇章的话题，起到上递下接的连接作用，从而达到语篇连贯的目的。但其中的具体成分，不论在衔接功能上，还是在语法化程度上，都存在一系列差异，需要精妙的语感或仔细的辨别才能正确使用。对于外国留学生来说，这些意义、功能、字句相近的衔接成分无异于使用汉语的"雷区"，需要教师下大力气引导。近义语篇衔接成分的辨析，应当成为高级阶段汉语教学的主要任务之一。

第六章
对外汉语教学中两组近义衔接成分的辨析

本章提要：本章选择留学生作文中容易出错的两对近义衔接成分：反之—否则，从而—所以，从词语意义、所表关系、语料分析、误例分析等几个方面加以辨析。

关键词：反之　否则　从而　所以　辨析

前几章从宏观上对语篇衔接成分进行了分类描写和讨论，下面从微观上对几组容易混淆的近义衔接成分进行辨析，并联系留学生的学习实际，提出对外汉语教学过程中辨析此类成分的原则和方法。个别词语同前文有少数重复，为了保持行文的完整和流畅，对这些重复之处不作调整。

一、问题的提出

语篇衔接成分和复句中的关联词语是句子、分句之间顺畅连接的重要因素。同义、近义的衔接成分之间，存在十分微妙的差别，起着不同的衔接作用，而且往往差之毫厘，谬以千里。学生在学习一个新的衔接成分之后，往往扩大其使用范围（功能泛化是第二语言习得中经常出现的现象与过程），与其他近义衔接成分相混，造成偏误。因此，衔接成分及其教学，是对外汉语教学的难点，同时也是容易被忽视的内容。（周利芳 2005、2008；周利芳、邢向东 2009）请看留学生作文中出现的句子：

（1）*你要努力学习，反之就会不及格。

（2）吃饭人就能活。反之，人就死。

（3）*妹妹性格开朗。反之，姐姐性格内向。

（4）*他病了，从而不能来上课。

（5）*因为不懂一些词语，从而我经常查词典。

例（1）的前后分句之间并非直接对立关系，而是假转关系，应当用"否则"，不能用"反之"；例（2）前后分句直接对立，"反之"的用法基本正确（语体不完全相合）；例（3）前后分句之间是对立关系，但句子是说明、描写句，应当用"相反"来衔接，不能用"反之"（详见下文）；例（4）（5）前后分句之间是因果关系，衔接成分应当用"所以"。

以上例句反映，学生只知道"反之"表示对立关系，但不清楚它与同样表示转折关系的"否则""相反"各有用场，并不能随意换用。同样，只知道"从而"可以表示因果关系，不知道它和"所以"之间存在一定的差别，不能混淆。

从学生的造句练习看，以上情况具有普遍性。而多数对外汉语教材和工具书，对这类差别都语焉不详。因此，本章以两组近义衔接成分为例，考察汉语近义衔接成分的辨析问题，以便为对外汉语教学提供一定的参考。为了行文简洁，本章不区别复句中的关联成分和语篇中的衔接成分，一律以"衔接成分"名之。文中学生用例全部来自陕西师范大学国际汉学院留学生作文、口语练习，语料来自北京大学 CCL 语料库。

二、"反之"与"否则"（附"相反"与"反之"）

"反之"和"否则"以及"相反"属于逆转类语篇衔接成分。《现代汉语八百词》指出："反之［连］从相反的方面说。用在两个小句、句子、段落中间，起转折作用，引出同上文相反的另一意思。'反之'后有停顿。"（吕叔湘 1999：199—200）"否则［连］如果不是这样。连接小句，用在后一小句的头上。""后句指出从前句推论的结果，或提供另一种选择。"（同上：211）

（一）两者意义和用法的区别

1. "反之"表示一般性转折关系，"否则"表示假转关系，其中蕴含着一个否定性假设和推论。（邢福义 2001：309—332）例如：

（6）一个资历深，但实际业绩很差的哈佛经理，会使员工大失所望，仍然会失去员工的敬重。反之，一个资历浅，但业绩中表现非常佳的哈佛经理，最终会得到员工的依赖与敬重。（《哈佛管理培训系列全集》）

（7）有的专家形容自己的研究工作说，"要吃顿饺子，自己得从养猪做起"。为什么？主要是缺少助手。这叫大材小用。反之，也有小材大用的，小学未毕业教小学，中学未毕业教中学比比皆是。形成这种情况，与教育结构失调有相当关系。（《技术贸易实务》）

例（6）中"资历深、业绩差"与"资历浅、业绩好"的两个哈佛经理之间，例（7）"大材小用"和"小材大用"之间，均存在明显的对立关系，表达中，如果两种对立的情况先后出现，宜于用"反之"衔接。下面是用"否则"的例子：

（8）作为一位新时代的画家，其作品应该有新时代的风格和特征，否则，必然会在历史的长河中失掉自我。（1994年《报刊精选》）

（9）每月月初、每年的正月，尤其每年正月的第一天都有很多的禁忌。《抱朴子》说，每月初一这一天不能哭泣，否则，司掌寿命的神会减去他的寿数。（阴法鲁、许树安《中国古代文化史》）

例（8）"否则"的作用是，假设"如果其作品没有新时代的风格和特征"，就会出现后面的结果，（9）假设"初一这一天如果哭泣"，就会出现减寿的结果。总之，"否则"表达"假如不是这样"的意思，"反之"则没有这个意义。

2. "反之"前后句可以重复某些成分，"否则"前后句不能有重复的成分。如例（6）前后两句重复"一个资历（深/浅）""业绩（很差/非常好）"等成分，括号中的内容是前后对比的词语，句子一方面用"反之"衔接，另一方面用这些重复、反义的词语构成对称关系，前后衔接紧密连贯，例（8）（9）的前后句中则没有重复的词语。

3. "反之"可以连接分句、句子、段落，"否则"一般只连接分句，有时也连接句子，但一定不能连接段落。

4. "反之"与"否则"都有指代前文的作用，但"反之"句的后句用来指出与前句相反的情况，而"否则"本身即起代替相反情况的作用，后句用来表示如果情况相反的话，会出现什么结果。如"谁为大众服务，大众就欢迎他；反之，谁只为自己打算，大众就不欢迎他"（《现代汉语八百词》），如果改用"否则"，就必须删除"谁只为自己打算"。说成"谁为大众服务，大众就欢迎他；否则，大众就不欢迎他"。再如：

（10）只有达到了第一宇宙速度，才能将"东方红一号"卫星送入预定轨道，从而才有可能让卫星在太空高唱《东方红》。反之，如果火箭上天后万一没有达到第一宇宙速度，卫星就无法送入预

定轨道,《东方红》乐曲也就不会响彻太空。(李鸣生《"东方红一号"卫星发射追记(中)》)

上例中,"反之"后有"如果火箭上天后万一没有达到第一宇宙速度"一句,如果改用"否则",就要删除这一小句,直接连接"卫星就无法……"。可见,两者指代的内容并不一致。

5."否则"可以和"除非……""要么……"等连词搭配使用(邢福义 1985:197),"反之"不可。例如:

(11)在客厅里,过高的声音会使主人嫌恶的,如果在公共场所,便会令你的同伴感到难堪。除非对方是聋子,否则,你说话时要记着,他并不是聋子。(《哈佛管理培训系列全集》)

(12)要么照我的意思办,否则,我饶不了你!(转引自邢福义 1985:195)

6.句子功能上,"反之"句常用来论理,"否则"句也可用来论理,同时常用来提醒、警告、规劝,即告诉人们应当怎样做,不可怎样做,如例(8)(9)(11)(12),再如:

(13)板上内容一旦成交,任何一方不得变更或撤销,否则,以违约处理。(《股市基本分析知识》)

(14)任何一个民族的起步发展,都不能没有一种民族精神作为动力。否则,不仅没有发展后劲,甚至民族形象也会扭曲。(1994 年《报刊精选》)

上两例的表达内容,都是法规、情理上要求人们必须或不能如何做,而不是在论理。所以不论语法还是语义上,都不允许用"反之"替换。

(二)"反之"与"否则"的替换

"反之"与"否则"都是表示前后句对立的转折性衔接成分。同时,它们也都有一定的指代作用。因此，当"反之"前后的对立情况不共现，即"反之"指代前一句中的条件小句时，也可用"否则"替换，不过替换前后语法意义、语用意义不完全相同。例如：

（15）实践证明，哪里农村党的基层组织建设得好，哪里翻番致富奔小康的步伐就快。反之，哪里就人心涣散、风气不正、矛盾迭起，小康建设就举步艰难。（1995年《人民日报》）

上例中"反之"后头隐去了假设条件"哪里农村党的基层组织建设得不好"，可以用"否则"来替换。可见，当前句中出现条件、结果关系的复句，而后句不出现条件分句、只出现结果分句时，"反之"与"否则"可以互换。不过，替换前后句子之间关系有所不同，"反之"句是转折句，凸显前后的对立关系，"否则"句是假转句，凸显其中假设条件分句（哪里农村党的基层组织建设得好）的重要性。

（16）我觉得，在我这一辈子里，干我自己想干的事，实现自己的理想和抱负，就是最大的享受。反之，我会非常痛苦。（1994年《报刊精选》）

上例"反之"前有一大段话，如果其后再说一遍，势必造成重复啰嗦，因此发挥"反之"的指代作用，将相反的情况尽数略去。这时，它可用"否则"替换，替换前后话段之间关系不同：原句中"反之"前后是对立关系，其中不包含假设；由"否则"替换后，前后句之间变成假转性条件与结果的关系，其中既包含转折，又包含假设。

（三）学生偏误分析

留学生在使用这对衔接成分时，主要的偏误在于误解前后句之间的关系，尤其不能正确表达假转关系，滥用"反之"。例如：

（17）*学习汉语应该多听多说。反之，你的汉语水平不会提高。

（18）* 应该多跟人们交流，反之就不会有那么多朋友。

"反之"突出前后对立性，"否则"强调如果不按照前面的条件做就会出现相反的结果，如果说对立，那也是条件和相反的结果之间的逆转，并不是两种相反情况的均等对立。此处"多听多说"与"汉语水平不会提高"之间，"多交流"与"不会有那么多朋友"之间，反映的是正确的做法与相反的结果之间的关系，其间必须用一个否定性假设来衔接，因此要用"否则"，不能用"反之"。

（四）"反之"与"相反"

留学生还经常误用"反之"和"相反"，多数情况是该用"相反"的语境下误用"反之"。例如：

（19）* 平时努力学习就考得好，反之，不努力学习会考不好。

《现代汉语八百词》指出："相反 ［形］表示事物互相对立或互相排斥。……d）作插入语，在两个句子中起转折作用。"（吕叔湘 1999：574—575）试比较："反之 ［连］从相反的方面说。用在两个小句、句子、段落中间，起转折作用，引出同上文相反的另一意思。'反之'后有停顿。"（吕叔湘 1999：199—200）两个解释都是正确的，但无助于人们区分"相反"和"反之"。

"相反"与"反之"都表示一种直接对立的转折关系，使用中有时可以互换，如《现代汉语八百词》中"反之"的两个用例："天气热，根的吸水力强。反之，天气寒冷，根的吸水力就弱。| 谁为大众服务，大众就欢迎他；反之，谁只为自己打算，大众就不欢迎他。"（吕叔湘 1999：200），其中"反之"都可用"相反"替换。再如下一例的 a、b 句都能说：

（20）a 多运动，身体便会健康，反之，不运动身体就会衰弱。

　　　　b 多运动，身体便会健康，相反，不运动身体就会衰弱。

但是，这两个词也有很大区别。

第一，从句子功能上来看，"反之"句多是论述性的，重在分析事理，"相反"句是叙述、说明性的，重在叙述事件，说明情况。这正是"相反"作为形容词与作为连词的"反之"的根本区别所在。例如：

（21）a* 他喜欢学英语，反之，她喜欢学汉语。

　　　b 他喜欢学英语，（跟他）相反，她喜欢学汉语。

（22）a* 他觉得这个东西很贵，反之，她觉得很便宜。

　　　b 他觉得这个东西很贵，（与他）相反，她觉得很便宜。

（23）a* 农村的空气很新鲜，反之，城市的空气有点儿污染。

　　　b 农村的空气很新鲜，相反，城市的空气不太新鲜。

（24）有些人外表看起来很强大，相反，他的内心很脆弱。

例（21）表达"他喜欢学英语"和"她喜欢学汉语"之间的对立关系，是一种说明的句子，用"相反"比用"反之"更合适。例（22）表达"他觉得这个东西很贵"与"她觉得很便宜"的对立关系，也是表说明的句子，前后句用"相反"合适。例（23）（24）的理由同上。下面例（25）是叙述事件的句子，所以用"反之"衔接不正确，须用"相反"：

（25）* 他希望的事没有发生，反之，没想到的事发生了。（相反）

第二，如上所述，"反之"有指代作用，因此"反之"引导的句子不是必须重复前一分句的内容或词句。而"相反"本身没有指代作用，因此要求前后句子中必须有重复的内容、字句。例如：

（26）我不断学习汉语的话，我的汉语水平就会进步（提高），反之，不学习，就会退步。

（27）按照正确的政策办事，我们就胜利，反之，就失败。

以上 2 例都是论理性的句子，前后句子中重复的内容很少，或没有重复，因此，应当用"反之"衔接。

第三，"相反"口语色彩重，"反之"书面语色彩重。例不赘举。

三、"从而"与"所以"

"从而"和"所以"属于因果类语篇衔接成分。《现代汉语八百词》指出："从而 ［连］表示结果或进一步的行动。"（吕叔湘 1999：131）"所以 ［连］在因果关系的语句中表示结果或结论。"（吕叔湘 1999：521）邢福义《汉语复句研究》指出："'……从而……'有时是因果复句。'从而'表示某种结果在某种原因的基础上产生，可以说成'因而'。"（邢福义 2001：529）"'……从而……'有时是连贯复句。'从而'所引出的分句，表示事物发展变化的终结，虽以前分句所说的事实为基础，但不以前分句所说的事实为原因，不能换成'因而'。"（同上：530）邢福义先生的解释说出了"从而"同"因而、所以"之间最根本的区别。"从而"表示由于前句所说的情况或条件，带来了相关联的结果或达到某个目的。

（一）两者意义和用法的区别

"从而"和"所以"都可以表示因果类衔接关系，位于后头的句子、分句前，表示结果，但两者存在明显不同。

1. "从而"可以表示连贯关系，用于几个连贯事件的最后一个，表示事件的终结。前后句之间总是具有一定的承接性，后句虽以前句所说的事实为基础，但并不一定以之为原因。"所以"没有这种作用，只表示因果关系。例如：

（28）村里采纳了这一建议，用这二万元钱作引子，建起两处扬水站，架设电灌高压线一千米，修水渠三千五百米。从而，全村

果树、农田五天可普浇一遍。(1994年《人民日报》)

(29)这种由服饰所营造的特殊氛围,无疑会成为学子们终身的荣誉和动力,从而,进一步激发他们献身科学,建设四化的积极性。(1994年《报刊精选》)

例(28)"村里……"是采取的措施,"全村果树……"是采取措施以后的结果,前后隐含因果联系,但并不表达为因果关系,而是强调前面的行为和后面的结果之间的承接性。"从而"可以用"结果"来替换,不能用"所以、因而"等替换。例(29)前后分句是连贯关系,只能用"从而"衔接。

即使表示因果关系,"从而"也只能用"因而"替换,不能用"所以"替换(邢福义 2001:529),凸显其强调前后句之间的承接性,后句以前句所说事实为基础的功能:

(30)几年来,由于他坚持不懈的努力,浦市镇农村改水131处,从而,使全镇农村89%的人口用上了卫生水。(1994年《报刊精选》)

上例用"由于……从而"衔接,为因果关系,"从而"也可用"因而"替换,但不能用"所以"替换。

2."从而"可以表示目的关系,"行为—目的"可以认为是未然的"行为—结果"。如"你们可以看看中国报纸,从而了解中国社会"。"所以"不表示目的关系。例如:

(31)要引导团员青年充分认识发展社会主义市场经济条件下学雷锋的重要意义,正确认识雷锋精神的实质,从而,进一步增强学雷锋的自觉性和主动性,更加积极扎实地开展好学雷锋活动。(1993年《人民日报》)

上例中,"从而"前后的分句之间是行动与目的的关系,而不是因果关系,只能用"从而"衔接。下面的句子表示目的关系,"从而"的用法正确：

（32）请让我知道原因，从而我可以做得更好。

（33）你要多看一些书，从而提高你的阅读量。

3. 从句子的表达功能看，"所以"句是一种说明句，前后句分别说明原因和结果，"从而"句是一种叙述句，前后突出叙述性、连贯性。因此，下一例的"所以"不能换成"从而"：

（34）a* 我们学汉语已经两年了，从而跟中国人交流很容易。

　　　　b 我们学汉语已经两年了，所以跟中国人交流很容易。

由于形容词谓语句本质上是一种说明句，因此，例（34）b 能说，a 不能说。如果改成"我们学习了两年汉语，从而掌握了汉语的基本交流技巧"，句子就通了，因为"学习了……，掌握了……"都采用叙述的句式，符合"从而"的要求。下 2 例留学生作文符合这个要求，因此是正确的：

（35）他及时回家了，从而防止了火灾的发生。

（36）我爸不让我晚上出去玩儿，所以我不能参加今天的舞会。

4."从而"有较重的书面语色彩，"所以"没有明显的语体色彩。例句略。

（二）学生偏误分析

留学生学习"从而"以后，往往误以为它主要表示因果关系，因而扩大其使用范围，导致发生泛化现象。在许多应当用"所以"的语境中，留学生使用了"从而"，从而造成偏误。例如：

（37）因为刚下雨，从而没出去玩儿。

（38）他每天努力学习汉语，从而他的汉语水平说得和中国人一样流利。

（39）他爸爸来了，从而他没去上课，陪爸爸玩儿。

（40）他真的喜欢你，从而常给你打电话，请吃饭送礼物。

（41）他学习不认真，从而他的成绩不理想。

（42）他对每个人都很好，从而很多人喜欢他。

（43）她在路上碰到了一个朋友，从而她们一起去咖啡厅聊了一个小时天儿。

例（37）前面有"因为"，后头不能用"从而"衔接，例（38）——（42）前后分句之间存在明显的因果关系，而且句子大多为说明性，而不是叙述性，所以都要改为"所以"句。例（43）前后分句之间不存在因果关系，所以不能改为"所以"；但是，其后一分句并不是表示结果，前后分句叙述先后发生的事件，是单纯的连贯关系，因此也不能用"从而"，需要删除"从而"。

四、结语

衔接成分之间的差异，不仅体现在表达什么类型的关系，更体现在大类之下的次级关系或更细微之处。再以"反之"来说，尽管表转折关系，但例（10）（15）就完全不能用同样表转折的"但是"替换，例（6）（7）似乎勉强能替换，但句义明显发生变化。这就提示教师，真正要使学生掌握的是同类衔接成分内部的细微差别。这方面我们要做的、要学的还很多。

第七章

对外汉语精读教学中的语体观和语境观

本章提要：对外汉语教学的最终目标是培养外国学生使用汉语进行交际的能力，因此，在综合性很强的精读课教学中，应当贯穿语体意识和语境意识。本章联系教学实际，从理论和实践两方面具体分析了在精读课的词汇、语法教学中如何贯穿语体观和语境观的问题。

关键词：对外汉语　精读课　语体观　语境观

目前，对外汉语教学的课型分类越来越细，越来越科学。这种分类是由全面培养留学生听、说、读、写能力的目标所决定的。为培养某一方面的能力而设置一类课型，有专门的教材、知识内容、课程设计、练习项目等，对迅速而扎实地提高外国学生的汉语交际能力的重要性是毋庸置疑的，本书不作讨论。同时，我们也应当看到，语言能力是一种综合能力，听、说、读、写是互相联系的，汉语表达水平、交际能力的培养是一个综合过程，而不是简单地将零部件组合成整机的过程。因此，在对外汉语各个课型的教学中，在侧重某一特定能力的培养、训练的同时，应当具有语言能力的整体观。

精读课是对外汉语教学初中级阶段的主课，其目标主要是使学生初步掌握汉语的基本语音、语法知识，掌握一定量的词汇，为今后进一步学习汉语或其他专业课程打好基础。针对这一目标，教学中应当紧密结合课文内容，积极帮助学生扩充词汇量，掌握基本语法点和重点词语的使用，在此基础上开展形式多样的课堂训练，培养听、说、读、写的能力。同时，我们认为，由于对外汉语教学的最终目标是培养外国学生的汉语交际能力，由于精读课具有综合性特点，因此，在教学中，应当贯穿语体观、语境观，从而使外国学生在初级阶段开始就尽量减少汉语使用中语体方面的偏误，学会利用语境，逐步认识、了解汉语言文化的特点，在今后的学习、使用中少走弯路。

一、语体观

语体是语言在长期使用过程中形成的功能类型，是为适应不同交际目的、交际内容、交际范围的需要而形成的。在一切运用语言的活动中，都存在语体风格的问题。幼儿在语言习得过程中，能够逐步地自然获得语体的感觉。同时，儿童是在完全掌握母语口语以后再来学习书面语的，所以他们对母语语体的特点具有较为深切的内在理解，语文能力比较强的小学生、中学生、大学生，能够在语言交际过程中自觉地利用语体风格，提高交际效果。

外国学生学习汉语的过程，与第一语言习得有很大的不同。首先，学习者大都是成年人，具有相当的社会经历、文化水平、理解能力。其次，学习者对母语的语体运用的一般原则十分了解，并能够自觉运用。最后，他们学习汉语的过程，不可能把口语阶段和书面语阶段清楚地区分开来。这些特点，对于外国学生掌握汉语的运用特点，既有有利的一面，又有不利的一面。有利的一面在于，对人类语言的语体风格问题，他们大多已经有足够的知识和运用的自觉性；不利的一面在于，学习汉语时，尤其是学习精读课时，往往是口语、书面语一股脑儿地学习，自己没有辨别汉语语体的能力。这就可能导致在现阶段的训练和今后相当长的运用过程中，会经常出现语体错误，闹一些不伦不类的笑话。由于汉字和汉语借词的使用，这一问题在日、韩等国家的留学生中似乎更容易发生。

这个事实提醒我们，在精读课教学中，教师应当具有清醒的语体意识。在讲授、训练过程中，根据学生实际和课文实际，将语体的辨别和语体错误的纠正渗透进去，使学生获得尽量多的有关汉语词语、句法结构的语体特点的信息，在今后的学习和使用中少走弯路。

汉语的语体风格主要体现在三个方面：不同语体色彩的词语的选择，不同语体色彩的句型的选择，特定修辞手段的运用。一般的精读课教材在课文篇目上具有语体多样的特点，为我们在教学过程中贯穿语体观提供了客观基础。同时，有些篇目经过编者的改写，改写过程中对原作的语体风格也可能产生一些改变，或造成某些语体风格不协调的现象。这就提醒教材编写者，在编写过程中一定要注意课文语体的合理布局，在改写时尤其不能破坏原作的语体风格，以免出现语体风格不协调的现象，对学生造成误导。同时需要教师留心课文的语体风格是否协调，对外国学生进行适当的引导。下面分几个方面，分别讨论教学中贯穿语体观的问题。

（一）词语教学中的语体观

1. 词语教学中贯穿语体观，首先应当注意在词语讲解中随时指出词语的比较明显的语体色彩。比如《初级汉语课本》第三册《请上帝原谅我》一课，语体风格的总特点是口语性较强，如"算数""团团转""七上八下"等都是典型的口语性极强的词语，同时，又有一些书面语词，如"后"（一年后）、"已"（已是第四个春天）等单音节词，只能用在书面语中。《北京的自行车》是报道和对话交错在一起的课文，所以词语的语体色彩有些变化，但总的特点是书面语词语用得较多，如"清晨"、"观察"、"目前"、"通过"、"发生"、"交涉"都是书面语色彩比较浓的词。《问路》是一个相声，其中口语词很多，个别词的使用范围还不太普遍，如"免不了"、"轧"、"碍事"（要紧）、"得"（能够）、"那位"、"这位"（指人）、"找台阶儿"、"拾台阶儿"、"闹气"、"该着"、"准"（一定）、"迷糊"等，像这类词语，指出其中的书面语词或口语词是完全必要的。有时还须顺便把意义相同语体不同的词语指出来，以此为手段，扩大学生的词汇量。从言语的语体风格应和说话人的年龄、身份、文化层次协调一致的要求来看，像《中学生怎样看家长》这样的课文，中学生说话时书面语词用得过多，如"父母"、"或"、"与"（同学聊天）、"避免"（这种麻烦）、"之间"、"干涉"、"成为"等，选入留学生教材是否合适还需要推敲。

2. 同义词的意义关系是外国学生提问的主要内容之一。我们认为，给外国学生辨析同义词，主要应当从使用入手，有时也应注意语体问题。如"以为（表认为）、认为、觉得"，"以为"表"认为"义时，只用在书面语色彩较浓的语言环境中，"觉得"一般用在口语中，意义范围较宽，"认为"是中性语体，偏于书面语，比较正式。"经常"和"常常"、"老"（副词），"经常"是中性语体，"常常"和"老"一般只用于口语，后者的口语色彩更浓。"已经"和"都"（表时间），前者是中性语体，后者是口语语体。表示被动关系时，"被"是中性语体，"叫"、"让"、"给"具有口语色彩，等等。

在词语教学中，免不了用同义词来解释一部分生词。这时，如果同义词之间语体色彩有差别，必须注意指出其中的区别来。实践中，一般是用中性词或口语词解释书面语词，如用"好像"解释"似乎"，用"大概"解释"大约"，用"批判"解释"抨击"，"肥"解释"肥沃"，"处在"解释"处于"，"在"解释"当"，均是如此。如果被解释的词在口语中很少单用，更应指出其使用环境，否则就会误导学生，造成使用的错误，这就不仅仅是语体问题了，如用"走"解释"行"，用"吃"解释"食"。反过来，用中性语体或书面语体的词语解释口语词，如用"难免"解释"免不了"，用"严重"解释"碍事"，用"逃跑"解释"逃"，"节约"解释"省"，"劳动"解释"干活儿"，"应该、必须"解释"得"等，都存在这个问题，都应当把语体上的差异讲清楚，否则就等于把错误的知识教给了学生。

3. 在学生的造句练习中，用词不合语体的现象十分普遍。有些学生遇到不会用的词语，往往通过查外汉词典选择词语，更容易出现这种情况。比如：

（1）老师：你的手好了？

　　　　学生：痊愈（好）了。

（2）他学习很努力，任何（每科）考试都是首位（第一）。

（3）把你知道的尽量报告给（告诉）大家。

（4）根据我的经验，感冒的时候应该充分睡眠（尽量休息）。

（5）今天我很忙，来不及与（跟）你见面了。

这种情况下，指出学生造句中不合语体的词语，对于他们今后在表达中逐渐避免类似错误是十分必要的。

（二）句子教学中的语体观

汉语的许多句式存在语体色彩的差异，有的句式在书面语中比较常用，有的则相反。对外汉语教学中，不能不随时指出所接触句子的语体色彩，或说明某一课文在句式运用上的总体特点。比如《夜话》是话剧剧本，对话的口语性很强，其中使用的口语句子如："劳您驾给看着门。""咱们呀，好离好散。""我还真饿坏了。""我被选上当厂长了。"但其背景语言则书面性很强，下面的句式显然是书面语句式，其中第一句恐怕只有在剧本的背景语言和小说的叙述语言里才用："夜，院里，自来水龙头，赵慧芬正洗衣服。魏淑敏推着自行车进院，见到赵慧芬。""这个消息，自然使她心中十分高兴。"如果不指出这些句子在语体特点和使用环境上的巨大差异，本课的教学就不能说是成功的，教学效果必定与教材编写者的初衷相违背。在教学中，随时指出课文中句式运用的语体特点，对帮助学生避免不同语体的句式杂糅的现象具有十分重要的作用。

至于造句中出现的书面语和口语句式的杂糅，和词语的语体杂糅类似，兹不赘述。

就教材编写来说，我们认为，除了一些特殊体裁的文章、作品以外，应当尽量避免同一篇课文中明显的语体杂糅的现象。

二、语境观

语言环境分狭义和广义两种。狭义语境指上下文和说话（包括对话）的前言后语，一般简称上下文；广义语境包括交际双方和交际情境的各种因素，本书简称言语情境。不论是狭义语境还是广义语境，对于外国留学生掌握和熟练运用汉语，都是极其重要的。

在第一语言习得过程中，儿童是在完全自然的语言环境下，通过学习、模仿、类推等，经过一次一次的交际—失败—交际，逐步获得该语言的知识和能力的。比起第一语言来，第二语言的习得——尤其是成人的第二语言习得要困难得多。其中的原因，一是成人掌握语言的能力本身比儿童弱，二是第二语言习得的环境，一般情况下难以像第一语言的那样自然、具体。大多数情况下，学习者都需要在与语言环境——尤其是广义语境相对隔离的条件下，集中学习词、句子，然后通过口语、听力等课程和平时的交际训练和作业训练，将已经学到的词语、句子运用于具体的语境，逐步掌握其用法。有些课程，如口语课，课程内容大多是在具体语言环境下进行的，外国学生可以在一个模拟的语境中，在教师的指导下进行口语交际训练。听力课的语境设置也很重要，因为听力与理解能力的提高直接关联，而理解能力就包括对语境的理解在内。另外一些课程，如精读课，其目的是使学生相对集中地学习、掌握汉语语音、语法知识，积累词汇，逐步提高运用汉语进行口语、书面语交际的能力。由于知识集中，综合性很强，受课堂和教学进度的限制，不可能把每一个生词、每一个语法点都放在语言环境中，经过反复训练使学生掌握，这是客观事实。但是，作为教材编写者和教师，在精读课教材、教学中，却不能心中没有语境，而应该在内容的安排和教学中渗透强烈的语境意识。拿教学来说，就是充分利用已有的语境（如词的上下文），或者在讲解词语的用法和某一语法内容时，巧妙地设置生动具体的语境，使学生在教师设计的交际情境中理解、记忆所学的内容，并通过一定语境中的训练，掌握它们的使用特点，逐步达到熟练运用。下面作一些具体分析。

（一）通过语境分析，帮助学生掌握语法意义突出的词语

比如，副词的语义和用法都与语境有关，其中既有狭义的语境，又有广义的语境。前者如：

（6）丈夫：鞋小。

妻子：鞋小，那就去买双合适的吧。

丈夫：用不着，习惯了就好了。

妻子：何苦呢，吃了饭去买双大点儿的。（第五十八课《买鞋》）

"何苦"的作用是通过反问表示"不值得"，在例（6）中，它的语义指向"鞋小，穿着难受，可丈夫又说'习惯了就好了'"，不指明这个事实和本句的语义联系，学生就很难理解"何苦"为什么在这儿表示

"不值得"。

（7）我忽然想起了什么，一看表："哎呀！都十一点了，你介绍的人呢？"

王娟站在那儿，看着我，只是微笑，并不着急……（第六十一课《哎呀，我真傻》）

（8）天气预报说要下雨，可是并没下。

"并"的作用是加强否定的语气，这种强调作用表现在与上文所说事实的对比中，如例（7），王娟和我的表现相比，"并"不着急，一对照两个人的不同表现，"并"加强否定语气的作用就凸显出来了。例（8）与"天气预报说要下雨"相对比，实际上"并"没下雨，语义重点在转折分句，"并"就是加重"没下"的语气的。不解释清楚这种对比关系，学生就难以掌握使用"并"的要领。

下面看广义语境。例如：

（9）甲：这半个月天天下雨，出不了门。

乙：是啊，成天闷在屋里，简直要抑郁了。

《现代汉语八百词》："简直 ［副］强调完全如此或差不多如此，含夸张语气。"（吕叔湘 1999：296）它所带的夸张语气，往往跟广义语境有关。例（9）中，"简直要抑郁了"的背景是"这半个月天天下雨，出不了门"。阴雨天气，不能出门，容易使人心情压抑。只有给学生讲清楚这个道理，才能帮助他们理解"简直要抑郁了"所含的夸张语气，体会说话人那种抑郁的心情。

（10）我劝您还是不要买这一双。（第五十八课《买鞋》）

"还是"《现代汉语八百词》解释为："经过比较、考虑，有所选择，用'还是'引出所选择的一项。"它表达一种主观态度，这种态度产生于比较、考虑之后。所以，例（10）应说明，售货员是在比较了"合脚而不合尺寸"和"合尺寸而不合脚"这两双鞋之后，认为不该买后面这双，才用"还是……"来劝说那位丈夫的。再如：

（11）（看到对方特别喜欢吃肉）难怪你那么胖。

（12）难怪你汉语说得这么好！（原来你在中国待了十年）

"难怪"表示醒悟，教材已经指出"前后常有说明原因的小句"。这一点就本句来讲很难让学生领会。教师在讲解和引导学生训练时，需要根据事实设计具体情境，或指出促使说话者醒悟的原因。如例（11），先讲"你很胖"的事实，然后讲"看到对方特别喜欢吃肉"，最后引出"难怪……"，引出过程很自然，经过几个例子的讲解和训练后，学生可以很快掌握这个抽象的语气副词的意义和用法。在类似的例子中，我们把教材例句的上下文变成实际情境，让学生在情境中体会这个词表达的语气，效果比较理想。

（二）利用语境帮助实施句型教学

现代汉语的特殊句型，如主谓谓语句、存现句、"把"字句、"被"字句等，既是对外汉语语法教学的重点，也是难点。通过一定的形式化模式，使学生掌握句型的特点固然重要，而帮助学生熟练地运用这些句型，则是更重要的任务。这就需要借助言语情境，让学生在语境中反复使用。如表存在的"存现句"，在介绍了基本格式"处所＋有（V着）＋NP"，并对例句作过分析以后，就可以利用教室的具体情境，教师提出话题（句首的处所词语），引导学生造句。也可以反过来，先引导学生利用语境造句，然后讲解句型特点。如："墙角有一把扫帚。""黑板上有几个字。""墙上挂着一幅画。""天花板上吊着几只风扇。""门口站着一个学生。""讲台上站着一位老师。"表出现、消失的句子，则可以在介绍格式和分析例句之后，引导学生造出下面的句子："门口进来一个学生。""外面传进来汽车喇叭声。""我们班来了一位新同学。""昨天下了一场雨。""教室里出去一位同学。"课堂上、教室周围的情境多种多样，学生造出的句子也是丰富多彩的。与语境密切联系的学习方法，把语法学习变成了生动活泼、轻松愉快的交际过程，实际上，这正是一些优秀教师经常使用的有效方法。

在对外汉语教学中，"把"字句教学一般需要分阶段"化整为零"进行。有人认为，首先应使学生掌握那些必须用的"把"字句，笔者深以为然。在这类"把"字句的教学中，如何使学生理解必须用该句型的理由，从而做到自觉地运用，需要语言环境的帮助，其中包括教师、学生的动作的帮助。如表示对确指对象加以处置，使之发生位移的"把"字句，讲解句子最好和具体动作结合起来进行。如"我·把粉笔·放在·桌子上""他·把水杯·带进·教室""他·把书包·背在·背上"等，都可以按照句型的结构分段，结合相应的动作来讲解。另一种必须用的"把"字句即某个确指事物的状态因主语的处置而发生变化的句子，也可联系上课时的情境进行教学和练习，如"他·把扣子·扣·好""大家·把书·打·开"等。对于主谓谓语句、"被"字句等，均可在讲解练习中充分利用语境的帮助。同理，在教材编写过程中遇到这一类问题，选择和设置恰当的语言环境，自然应当成为题中应有之义。

上面谈的是初级阶段教学中利用言语情境帮助学生掌握某一类句型的问题。我们都知道，汉语的有些句型，在具体的上下文和对话中到底用与不用，是与上下文之间的连贯、表达重心、话题的接续等密切相关的。而外国学生之所以在掌握了句型特点以后，仍然不能在连续的话语中恰当地运用这些句型，从而出现语法上没有错误但听起来觉得别扭的现象，恰恰跟他们对这些句型与上下文、言语情境之间的关系不能很好地理解有关。因此，在较高级的阶段，还应当尽量把"把"字句、"被"字句、主谓谓语句之类句型与上下文、言语情境联系起来，充分展示这些句子在具体语境中的运用特点，帮助外国学生学会在成段、成篇的言语中使用，提高汉语表达能力和交际水平。

　　上面讨论的语境利用问题，大多数教师在教学实践中都有不同程度的运用。同时应当看到，有些教师或者受教材的束缚，或者认为教材的例句已经足够了，或者由于教学时间的限制，并不能自觉地利用语言环境。有的教材在编写过程中，也没有认真思考过如何在相对脱离语境的课堂教学内容中，最大限度地发挥语境的作用，使教学内容、练习内容的设计和安排给教师以更多的提示和便利，使他们充分意识到并且发挥语境的作用。因此，在对外汉语教学中提出语境观，强调教材编者和教师应有明确的语境意识，是很有必要的。

　　综上所述，只有我们具有了强烈的语体意识、语境意识，并在教材编写、课堂教学和训练中把这种观念外化为适当的教学内容、教学程序和教学方法，才能进一步提高对外汉语精读课的教学水平。

第八章
对外汉语副词教学中的语境利用

本章提要：本章讨论上下文和言语情境在对外汉语副词教学中的作用。认为在一部分时间、范围、语气副词的教学中，应当紧紧抓住副词与语言环境的关系，使外国学生在对副词和上下文、言语情境关系的理解中掌握它们的用法。

关键词：副词　上下文　言语情境　关系

副词是意义很抽象的词类。有些副词，如时间及频率副词、范围副词、语气副词，意义很虚灵，以表达关系意义为主，即使是以汉语为母语的人，也难以确切指出其意义是什么。因此有人将它归入虚词。对于外国学生来说，由于刚接触汉语不久，词汇量有限，听力较差，几乎没有语感，所以对教师的授课语言的理解能力也比较弱。如果就词论词，他们很难理解这些副词的意义和用法。因此，在对外汉语教学——尤其是初级阶段的语法教学中，副词是难点之一，这对教师的教学方法提出了很高的要求。

副词之难，难在意义虚灵。它的意义体现在与句中、前后句其他成分的关系中，体现在句子的内容与说话人的态度的关系中。从语义和语用特点来看，上面几类副词与语言环境关系十分密切。也就是说，尽管位置在句中，作用却往往在本句之外，在句与句（包括小句与小句）的关系之中，在句子与说听双方、具体情景的关系之中。如：

（1）村里的人知道以后都很感动，也来帮助他们。连七八岁的孩子也来了。（第五十七课《愚公移山》）①

（2）虽然她是厂里的团委书记，领导几百个团员，可毕竟是一个比我小两岁、还没有搞对象的姑娘啊！（第六十一课《哎呀，我真傻》）

例（1）有两个"也"，"也"是范围副词，表示类同关系，这种关系只能存在于话语、文章的前言后语中，"村里……也"中的"也"指的是村里的人和愚公一家人之间的类同关系；"连……也"结构是表强调的，其中"也"兼有表类同和强调的作用，在本例中通过指明"小到'七八岁的孩子'"也和村里其他人一样来帮助愚公一家挖山，达到强调的目的。它的强调作用就体现在上下句之间的语法和语义联系上。例（2）"毕竟"是语气副词，"后面的话表示追根究底所得的结论；究竟；终归；到底。充分肯定必要的或正确的事实，暗含否定别人的不重要的或错误的结论"。（吕叔湘1999）它的作用只有在上下文和具体事实、具体情境中才能显现出来，才能体会得到。从例（2）来看，就是在同"虽然……"所述事实的比较中，才能体现出它的"终归、到底"的语气，如果没有前一分句的事实作为对照，"毕竟"在转折分句中所表达的语气就无从落实。

既然上述副词与语言环境的关系如此密切，那么，为外国学生打开理解、使用之门的钥匙，也就存在于它们同语言环境的关系之中。

语言环境有广、狭二义，狭义语境指上下文和说话（包括对话）的前言后语，一般简称上下文；广义语境包括交际双方和交际情境的各种

---

① 为了密切联系教学实际，本章的例句大部分直接选自《初级汉语课本》，个别例句是我们在教学中自拟的。选自课本的例句均注明具体篇目。

因素，本书简称言语情境。下面就从上下文和言语情境两类语境出发，来讨论副词与语言环境的具体关系及其教学问题。

一、上下文与副词教学

上下文包括句内和句外两个方面。句内的上下文指本人的一连串话语中的前言后语，句外的上下文指对话中的前言后语。应当说，所有词的语法意义和语用价值，都是在具体的上下文中体现出来的。不过，一部分时间、范围、语气副词，其语法意义和语用特点的归纳、说明，离开具体的上下文就会十分困难。从小说汉语的人早已掌握了它的用法，对其中的困难往往习焉不察。而对于汉语能力还很差的外国学生来说，正确理解和使用的难度就很大了。另一方面，即使是高级阶段，外国学生在成段、成篇的言语中，普遍存在一个特点，即单独的句子可能没什么错，可成段的话就显得连贯性差，前言不搭后语，让中国人觉得别扭。我们认为，这首先是由于外国人不习惯用汉语思维，对汉语上下文之间"意合"的内在气脉没有充分地感知和把握，更不能自然地将它表现出来。其次，也在于他们对汉语的连词、代词、副词、语气词、插入语等在句子、语段之间的连接作用没有充分地感知和理解，不能自如地运用。而后者恰恰与我们的教学密切相关。因此，在副词教学中，通过与上下文之间的关系来讲授、练习，正可以收到一举两得的效果。

下面举例分析。

具有关联作用的副词，尤其是和其他关联词语成对使用的副词，不消说，其作用就兼有关联和修饰，对它的讲解和练习应当紧紧围绕本句与上下句之间在意义上、语气上的联系来进行。例如：

（3）不管是坐车还是步行，我们都要去。

（4）既然你是给自己买鞋，就可以不用尺寸了。（第五十八课

《买鞋》)

例（3）"都"语义上指向"坐车""步行"两个条件，可分解为"坐车我们要去，步行我们也要去"，两个条件合起来就用"都"来总括。例（4）中，"就"与"既然"配合，表示"给自己买鞋"与"不用尺寸"之间逻辑上的推断关系。给外国学生讲课当然不能用"逻辑上"等语言，但既然推论因果的道理本身他们都懂得，那么，先讲清楚在"给自己买鞋"和"不用尺寸"这种关系中要用"就"来连接，表示推断的结果，再讲"既然"和"就"在前后分句之间的配合关系，辅之以同类型的练习，学生对这类关联作用自然会理解得比较深刻。反之，如果不结合具体上下文进行分析，一上来就说"既然……就"表示"一个事实"和"根据前面的事实做出的主观推断"，然后才分析例句，接受起来就困难得多了。

有些副词字面上似乎并不表示关联作用，也不成对使用，但是，它的作用实际上仍体现在与上下文的关系中。对这类副词，也应当尽量联系上下文来解释，并设置训练内容。

（5）一次，"年"来到一个村子……从此，人们知道"年"怕"响"、怕"红"、怕"火"，于是每到腊月三十日，家家户户就放鞭炮，贴春联，挂红灯。（第五十九课《春节》）

"从此"是时间副词，表示"从所说的时间起"，可以讲解为"从那时／这时以后"，它结构上是属后的，语义上却是关联上下句的。没有前面发生的事情，哪有"从此"？因此，必须结合上下句的内容，把它在上下文之间上递下接的作用讲清楚，并据此设计相应的训练项目，学生才能掌握使用的要领。

（6）丈夫：鞋小。

妻子：鞋小，那就去买双合适的吧。

丈夫：用不着，习惯了就好了。

妻子：何苦呢，吃了饭去买双大点儿的。（第五十八课《买鞋》）

（7）你何苦跟个孩子生气呢？

"何苦"表示"不值得，没必要"，多用于反问句。其语境比较复杂，包含一个推理过程。如例（6）中，丈夫先说"鞋小"；既然"鞋小"，那么最顺理成章的就是去商店"换一双"；可是他又说"用不着，习惯了就好了"。于是引出妻子用"何苦"的反问句，实际含义是：换一双大点儿的很容易，何苦要凑合着穿呢？只有老师把语言环境一步一步讲透了，学生才能领悟此处的用法，并学会如何使用。例（7）中，"何苦"语义上指向"跟个孩子生气"，这句话本身就是语境，比较好把握。

（8）就这样，我们一边走，一边聊，谈到了生活、工作、理想，越谈越投机。

我忽然想起了什么，一看表，"啊呀！都十一点了，你介绍的人呢？"（第六十一课《哎呀，我真傻》）

（9）天气预报说要下雨，可是并没下。

"都"表"已经"，作用是强调已然事态。它的作用往往体现在同一个既定时间的对比中。如例（8）的背景是王娟要介绍的对象约好十点见面，现在已经十一点，大大超过了约会时间！所以"我"才一边惊呼"啊呀"，一边说"都……"。

"并"的作用是加强否定的语气，这种强调作用表现在与上文所说事实的对比中。例（9）与"天气预报说要下雨"相对比，实际上"并"没下雨，"并"就是加重"没下"的语气的。只有解释清楚这种对比关系，学生才能掌握使用"并"的要领。

（10）王：没有，我刚下班，顺便洗了个澡。（第三十一课）

（11）王兰：我刚才路过自选市场，顺便带了点儿菜来。

......

　　　　高开：别客气，我没特意准备，随便吃一点吧。（第三十八课）

　　"顺便"义为"趁做某事的方便（做另一事）"，掌握它的关键在于了解"顺便"做的事和那另一件事之间的关系，点明它不是特意要做的事。如例（10）是在下班没什么事的情况下，"顺便洗了个澡"，例（11）是在路过自选市场时，"顺便买了点儿菜"。抓住这个词和上下文的关系来解释意义和用法，设置必要的语言环境组织练习，学生理解、使用起来就会比较轻松、自然。

　　总之，当我们指明上下文中与某个副词发生关系的内容时，实际上就是在解释为什么这个地方要用这个副词，就是在分析这个副词的语义、句法、语用特点；当我们根据这种语义关系为它设计同类的练习时，也就是在为使用这个副词设置一个语言环境。学习、训练过程中师生之间的一问一答，把相关副词的课堂学习变成了交际训练。

二、言语情境与副词教学

　　副词与上下文的关系，就发生在本句之内或上下句之间，一般是显性的，相对来说比较容易看出来。副词与言语情境的联系，则发生在言语内容之外，大多是隐性的，不容易直接观察到。但是，同时应当看到，外国学生都是成人，只要作适当的交代，他们对言语情境的领悟、把握能力是很强的。因此，需要教师更加明确地加以分析，把隐性的语境变为显性的语境，从而使学生通过对言语情境的理解来把握其中副词的用法。下面从说话人的主观态度、听说双方的关系、事实本身与具体情境三方面来讨论。

（一）主观态度与语气副词的使用

说话人（行为者）的主观态度与语气副词的使用关系极大。例如：

（12）妈妈平时总叨唠我找对象的事，这次听说有人要给我介绍……简直不知道怎样打扮我好了。（第六十一课《哎呀，我真傻》）

（13）郑大爷：哪儿能呀，建国可不是那样的人。（第七十二课《夜话（上）》）

"简直"常用来强调某种情况、状态达到很高的程度，含有夸张语气。但是，不说明说话人、行为者的主观态度，就不能充分揭示为什么它具有强调作用和夸张语气。如例（12），说明了"妈妈"天天急着让我找对象，"简直"的强调、夸张语气也就凸显出来了。"可"作副词时的作用是加强肯定，当然是和说话人的主观态度直接相关的。如例（13），郑大爷向赵惠芬表明自己非常了解王建国，相信他不可能下了班去玩儿，所以用"可"来强调。这里应当着重向学生指出郑大爷"认为自己非常了解建国"这一点，再讲"可"特别加强了"不是"的语气。

（14）我看还是去颐和园吧，十三陵太远。

（15）我劝您还是不要买这一双。（第五十八课《买鞋》）

"还是"《现代汉语八百词》解释为："经过比较、考虑，有所选择，用'还是'引出所选择的一项。"它表达一种主观态度，这种态度产生于比较、考虑之后。所以，例（14）应帮助学生理解说话人是在比较"颐和园"和"十三陵"的距离以后，觉得后者太远，因此用"还是"表达他的主观选择。例（15）应说明，售货员是在比较了"合脚而不合尺寸"和"合尺寸而不合脚"这两双鞋之后，认为不该买后面这双，才用"还是……"来劝说那位丈夫的。

"就"和"才"。《初级汉语课本》指出，"就"表示说话人觉得动作发生得快、早、顺利；"才"表示动作发生得慢、晚、不顺利。这就是从说话人的主观态度出发来讲解、区别这两个词的基本用法的。如：

（16）排了十分钟的队，就买到票了。

（17）排了十分钟的队，才买到票。

教师在讲授和组织练习过程中，应紧紧抓住"才"和"就"在表达主观态度上的对比关系来设计，使学生掌握两者的使用特点。在这个基础上，到了"一……就"的学习阶段，学生对"一……就"结构表示前后动作紧接着发生的语法意义，就比较容易把握了。

（二）听说双方的关系与语气副词的使用

俗话说："对什么人说什么话"，这句话可以从语用的意义上来理解。也就是说，说听双方的关系与语气副词的使用密切相关。如：

（18）她说："……恐怕连一块石头也挖不动，怎么能挖掉这两座山呢？"（第五十七课《愚公移山》）

（19）智叟……："你这么大年纪，连山上的草都拔不了，怎能挖掉这两座山呢？"（同上）

"恐怕"表示估计兼担心。这个意义很抽象，外国学生难以理解。如果结合对话双方的身份、关系来讲，就会具体、可感。如上例（18）、（19），同样的意思，妻子对丈夫说出来时，用了"恐怕"，尽管她也认为愚公不可能挖掉这两座山，但因为他们是亲人，妻子关心丈夫，所以要用"恐怕"来表示她的担心，语气委婉。智叟与愚公没有亲密关系，对愚公挖山持嘲讽的态度，直截了当地否定他的行为，所以不用"恐怕"。两相比较，学生对"估计之中又有担心"的意义就会有真切的了解。实际练习证明，这样做是有效的。

说话时对方的态度也决定了某些副词的使用，反过来，这种态度也可以帮助学生理解副词的意义。如：

（20）"不说了，不说了，咱们说别的。"

"你要是不说，我就不跟你好了。"

"好，好，告诉你。"李芳只好说下去。（第六十二课《北京的自行车》）

单纯讲"只好"是"只得""不得不"的意思，太抽象，理解起来要困难一些。结合她们的关系和对话过程中的态度来讲，就容易懂了：林达是外国人，是李芳的好朋友，她坚决要李芳说，李芳没办法，"只好"说下去。不论教师讲解还是学生理解，这样解释"只好"的意义、作用，都有水到渠成的感觉。进一步设置类似的情境进行练习，可以帮助学生准确地掌握它的用法。

（三）事实本身、具体情境与副词的关系

说话时谈论的相关事实本身也是一种情境，教师要善于将这种情境和副词的使用联系起来。例如：

（21）甲：哎呀，外面下雪了。

乙：难怪屋里这么冷！

（22）学生：老师，今天路上堵车堵得厉害。

老师：难怪你迟到了！

"难怪"的作用是："表示醒悟（明白了原因，不再觉得奇怪）。"（吕叔湘1999：408）这个原因可能在上下文中出现，也可能在对话中出现，就是双方谈论的事实本身。教师在教学中的任务是，设法使学生明白什么是使用"难怪"的语境。如例（21）甲说的事实"外面下雪了"，就构成了乙说出"难怪……"的具体情境，也即促使他醒悟的原因：因为外面下雪，气温下降，所以他感到"屋里这么冷"。例（22）中，学生所说"堵车"的事情，正是老师使用"难怪"的具体情境。老师也许正在纳闷儿："这位同学平时从来不迟到，今天怎么迟到了呢？"

知道了其中的原因，就会脱口而出"难怪你迟到了"。以上两例，老师在教学中，要把"下雨—降温—屋里冷"，"堵车—迟到"之间的推理过程，用朴素的语言交待明白，学生就会对"难怪"的用法留下深刻的印象，把它记得牢牢的。再如，"其实"的作用是引出表示实际情况的句子，当事情的表面情况和实际情况不一致时，或需要解释事情的来龙去脉时，说话者要表示他说的是实际情况，就可用"其实"：

（23）正生：哟，都十点了，真对不起！其实，我七点半就出来了……（第三十四课）

（24）今天好像很热，其实温度不太高，才二十六度。

例（23）的言语情境是时间"都十点了"，例（24）"今天好像很热"其实并不是自然的上文，而只是一个言语情境，用人的感觉作铺垫，引出"其实温度不太高"的话。抓住了所谈论的相关事实之间的对照关系，"其实"的意义和作用也就迎刃而解了。

"果然"表示事实与所说或所料相符，它的作用完全依存于情境、事实与说话人所预料的情况之间的关系。如：

（25）青青：冬冬，你看，下雨了。

冬冬：不能爬山了。

王兰：没关系，过一会儿就不下了。

过了一会儿，果然雨小了。（第三十二课）

（26）（听说这部电影很好）这部电影果然不错。

例（25）三个人前面的对话正是"果然"的使用情景，这时，"果然"首先是表示前后事件之间的联系，在此基础上表达肯定语气。把这个作用点透了，不但能帮助学生正确使用"果然"，而且能使他们体会上下文之间、语境和话语之间的联系方式，逐步学会联句成篇。例（26）在把"听说很好"与"看了以后觉得不错"的关系说清楚以后再讲"果然"的用法，学生在类似的言语情境下就可能脱口而出。

　　需要说明的是，上下文和言语情境之间并没有划然而分的界限，这一点通过上文的部分例句和分析就看得出来。教材的编者为了使学生理解、掌握一部分副词、连词、插入语等的用法，往往要为例句设计上下文，其中有的用言语情境显示出来可能会更加自然。这就启发我们，一方面，教材的编写者要在言语情境的设计上下功夫，另一方面，教师应当充分理解教材编者的目的，根据学生和教学的实际情况灵活处理。关键在于胸中有语境意识，自觉地、精心地设计必要的上下文和言语情境。无论如何，在一部分副词的教学中强调语言环境的作用，是不会有错的。

三、结语

　　在第二语言教学理论中，"教学过程交际化"是人们一再提倡的。语言是交际工具，教学过程交际化的实质就在于让外国学生在尽可能自然的语言环境中，在类似交际的情境下，轻松学习汉语语音、词汇、语法，扩大词汇量，逐步提高运用汉语的能力。我们认为，将一部分时间、范围、语气副词和一定的上下文、言语情境联系起来学习，一方面能帮助外国学生自然、牢固地掌握汉语副词的语义、语用特点，逐步体会、运用汉语组词造句、连句成篇的灵活手段，另一方面也是对教学过程交际化理论的实践。教学实践说明，这样做对提高对外汉语的语法教学质量是很有成效的。而对那些主要起结构作用的连词、介词、结构助词，对那些语用意义十分突出的语气词、插入语等，在教学过程中密切联系上下文和言语情境，充分发挥它们的作用，更是不言而喻的。努力形成词语学习和句子、语段学习相得益彰，话语和语言环境相辅相成，学生和教师良性互动的局面，正是我们在对外汉语教学中所追求的方向和境界。

第九章

关于对外汉语教学中语法教学的几点思考

本章提要：语法教学是对外汉语教学的重点之一。本章联系前贤的论述和本人的教学实践，阐述关于语法教学的几点主张。主要讨论三个问题。第一，对外汉语教学中的语法教学应突出实用性、针对性，注重语法规则的明确性和具体性。第二，应当加强词类的教学，教师应当充分认识汉语词类的特点，并在教学中加以体现。第三，对一些有关语法教学的观念提出商榷，以期更好地实现教学目标和效果的最大化。

关键词：对外汉语教学　语法教学　思考

对外汉语教学的根本任务是培养学生使用汉语进行交际的能力。这种交际能力的形成，在语音、词汇之外，更多地依赖于对汉语语法的掌握。语法是语言的构造规则，学习一种语言，就必须掌握该语言的语法规则。因此，语法教学是对外汉语教学的重点之一。目前对外汉语教学中的语法教学，还有许多问题需要深入思考，尤其需要以教学实践为出发点的联系实际的思考，而不是做一些玩新花样、变新招式的概念游戏。这里既有教学的问题，也有教材的问题。本章从教学实践出发，结合前贤的有关论述，针对对外汉语教学的中高级阶段，谈谈对语法教学的一些看法。

一、对外汉语教学中语法教学的特殊性

语法分为描写语法与教学语法（还有理论语法，不过有的人采用教学语法、理论语法两分法，描写语法属于理论语法）。描写语法是教学语法的基础，教学语法必须以描写语法的研究成果为指导。二者的根本不同在于，描写语法要求尽可能细致深入地把汉语中所有的语法结构规律都描写、揭示出来，教学语法更多考虑的是规则的简明性和学习的方便。这是对外汉语教学中语法教学的基本属性，也是讨论以下问题的前提。因此，对外汉语教学中的语法教学，必须在描写语法的指导下，以语言本体的研究成果为基础，综合考虑学习者的心理、母语、知识背景，在教学观念、教学内容、教学方法上有所考量。我们认为，在对外汉语教学中，语法教学要突出以下几点。

（一）语法教学要突出实用性

符合实用性的教学语法不应在理论上作过多的阐述，而应当注重规则的概括和解释，对有关的语法概念，如"语气词、补语、主谓谓语句"等，不一定作多么深入的阐述，而是通过规则的讲解和例句的分析，使学习者理解和掌握语法规则。如《现代汉语八百词》的编写即是符合实用性的突出范例。

（二）语法教学要有针对性

这里的针对性，是指将母语的语法与目的语的语法进行对比，找出相同与不同之处，有的放矢地进行语法教学。一般情况下，对学习者来说，母语中没有的或与母语有较大差异的语法现象，学习起来往往更不容易掌握。因此，我们应将语法教学的重点放在不同点上，重点讲授

那些学生感到陌生而难以掌握的内容，如，语气词，话题句，补语的表达方式等，都是重点教授的内容。对于两种语言相同的语法规则，通过带着学生练习即可掌握，不必花大量的时间去教学。比如，语气词是汉语的一大特点，虽然在其他语言里也存在，但并不像汉语这样丰富、表达力强，无疑是对外汉语教学的重点。用不用语气词和用哪一个语气词，对于二语学习者是一个难点。比如，语气词"呢"，表面看似普通，其深层含义却不易理解，必须在一定的语境和上下文中才能真正掌握。"呢"，教材指出它的基本用法是表示疑问和确认，当然是正确的。但它在表示疑问和确认时，都是与上文或前一个说话人的话语相衔接的，屈承熹先生将其叫作"接续虚字"，他认为，"'呢'字句如果没有上文，也一定要有个情况才能解释。"（屈承熹 1999）如"我学习呢"，一定是在别人问你干什么时才说的话，或者是在进一步回答别人的质疑时使用的，也就是说，"呢"在表达语气的同时，还有衔接作用，如果将"呢"去掉，便没有这种意思了。对于这种情况，就一定得联系实际，有针对性地讲解。

（三）语法讲解的内容要合理安排，突出重点

教学语法应根据学习者的知识背景、母语背景、接受心理和实际使用的需求安排教学内容，如选择常用的、使用频率高的语法现象进行有重点的讲授，有些语法现象甚至需要补充教材之外的内容，或调整教材内容的顺序，将某些现象讲清讲透，一劳永逸，而不一定拘泥于教材的编排顺序或"语法点"的安排。如"了"的教学、拷贝结构的教学等。以"了"的教学顺序为例，在汉语本体中，有"了$_1$"和"了$_2$"的分别，前者界定为动态助词，后者界定为"语气词"。一般先讲"了$_1$"，后讲"了$_2$"。据此在对外汉语教学中，一般教材也是按照同样的顺序来编排。但是，就"了$_1$"和"了$_2$"本身的用法来看，前者用在动

词的后面，表示动作的"实现"（刘勋宁 1998），或称"动作的完成"。后者则有两个功能，一是表示动作状态的实现，二是表示语气。刘月华等认为句尾的"了"兼有动作的完成和语气两种作用，即通常我们所说的"了₂"等于"了₁+了₂"（刘月华、潘文娱、故铧 2006）。因为"了₂"又表陈述的语气，所以它有成句作用，比"了₁"使用广泛，因此宜先教"了₂"，再教"了₁"。关于"了₁"和"了₂"的教学顺序，邓守信引用孔令达的研究作为参考，具体论述了二者的教学顺序，与笔者的观点相同（邓守信 2009）。教学实践表明，按照此顺序教授，既降低了学习的难度，又能收到良好的教学效果。不过，这一原则应适可而止，不能把对外汉语教学的课堂变成语法课堂。

（四）语法规则的讲解应清楚、具体

讲语法有很多种方法，描写语法要求详尽、细致，有时会非常琐细。但教学语法不能这样，它要求语法的说明要清楚、明确、简单，要考虑学习者的因素，少用或不用语法术语，使用语法术语时，对术语的讲解也要简洁、明白。力图做到语法规则与句子的使用情境、具体的交际相结合，而不是干巴巴的语法条目的呈现，如"把"字句的句法语用特点的讲解，存现句的构成特点的说明等。以存现句教学为例，可以在一定的语境中，将结构和它的使用环境即功能结合起来，在交际中学习。汉语存现句的结构由三部分组成：句首处所词（主语）、动词、宾语，它集中体现了汉语叙述句的特点和语言的象似性原理，即按照观察客观环境的逻辑顺序来组织句子：人们在观察事物的时候，总是先看到具体的场景（处所），然后看到在这个场景里存在什么事物（谓语和宾语），按照观察的顺序将其记录下来，反映在句法上就是一个存现句，如："操场上有很多学生"。结合观察过程进行教学，就巧妙地将存现句的结构（场所、动作、存在的事物）、使用环境（对客观环境进行描写）

交代了出来，既避免了枯燥的只讲语法结构，忽略使用语境，又增强了学生对存现句使用环境和功能的认知，而且不容易忘记。

二、语法教学中应加强词类的教学

词类和词性是同一个问题的两个方面，词类是词的语法分类，针对所有词，词性是具体的词在词类体系中的地位，针对每个词个体。在对外汉语教学中，词类是通过具体的词性标注体现的，因此本书使用词类的概念。词的分类和词性的辨别是汉语本体研究的重大问题，在注重实用的语言教学中似乎没有专门的位置。从实际来看，目前在对外汉语教学中，词类的教学并未引起重视。词性在教材中只是作为生词的标注内容出现，教师处理起来则比较随意，有的教师在讲解生词时会给一些说明，而有的教师根本不管。在一部分教师的认知中，词性是在教科书和词典上标注的东西，学生只要看教材查词典就能够掌握，教学中不需要讲授，更谈不到练习。教师并没有担负起教词类的责任。

我们认为，对外汉语教学应当加强词类的教学，下面从以下几个方面来讨论。

（一）充分认识汉语词类的特点

朱德熙认为汉语语法的真正特点之一是其词类的多功能性，即词类和句法成分不是简单的一一对应关系。这是汉语词类的显著特点，无论是教师还是学生都应有充分的认识。对教师来说，首先要有这个意识，才能在教学中很好地体现出来。只有教师自觉地将其纳入教学的考量，学生才能逐渐体会到汉语词类的独特之处，进而避免母语的负迁移，实现目的语的正迁移。

教学语法是建立在描写语法基础之上的，虽然教学语法追求务实，

"在追求务实教学的成效时，理论语法与教学语法有一些调整的空间，但原则是一致的"（邓守信 2009）。既然本体研究已经证明词类的重要性和复杂性，那么，这一研究成果就应当在汉语教学中体现出来。前面提到对外汉语教学中语法教学要有针对性，这种针对性体现在词类教学中，就是要让学生认识到汉语词类和句法功能的特殊关系，进而认识到掌握词性的重要性，在运用中正确地使用词语，提高语言使用的准确率和效率。

目前的对外汉语教学中，词类教学几乎没有专门的地位，只是在生词标注中随文注出，教师可能心里有数，但在讲解生词时并不强调。邓守信指出："在教学过程中，词类大概从来都是只标记不教学的，都是让学生自己去看说明。……我们认为要标记词类，在教学的时候，一定要详细说明词类的搭配功能。身为华语的专业教师，也一定要能辨识词类。"（邓守信 2009）这是很有见地的。诚然，对外汉语教学要遵循简单、少用语法术语的原则，但还要具体问题具体对待。这里所说的讲解词性的问题，并不是指要集中讲解各类词的概念、语法意义和语法功能，而是指通过具体词的语法功能、句法特点的介绍，使学生对词的用法有更清晰的认识，达到准确运用，减少语法偏误。换句话说，就是教师通过词在具体的句子或语篇（至少是句子）中的句法表现的展示，让学生逐步掌握某类词的功能和特点。这样长期灌输词类观念的效果是，学生一看到生词中标注的词性，就能自觉地联想到它的句法特点。如果只有标注，没有教师的示范和强调，学生就不可能获得这样的认知，养成理性联想的习惯。比如下面的错句子："我们恐怕地震"（邓守信 2009）这个偏误出现的原因除了对"恐怕"和"害怕"的意义离析不清外，更重要的是对二者词性理解的错误造成的。"恐怕"是副词，副词不能充当谓语，只能用在动词或形容词前面，因为学生对副词的特点缺乏了解，望文生义将其当作动词，于是就出现了以上的偏误。如果教师在讲解生词时不断强调副词只能作状语、很少单独使用的特点，那么学生就不会犯上面的错误，使用副词时的准确率就会大大提高。

在词类的讲解中，对于词的语法功能中和学生母语一致的特点，如名词充当主语和宾语，就不必过多强调，学生也能正确运用。但对于和学生母语不一致的，就要强调说明。如：汉语形容词的句法功能是充当谓语和定语，在一定的条件下可以充当主语和宾语，其中直接作谓语、主语、宾语都是汉语形容词的特点，与其他语言存在差异，因此，教师就要通过例句来强调这几种句法功能，无论是在教学中选择例句还是指导学生练习，都要体现这个方向。以笔者的教学为例，在讲解形容词"勤奋"时，我们选取的例句至少包含两种情况：一种是"勤奋"充当谓语的，如"张伟很勤奋"，一种是充当定语的，如"张伟是个勤奋的小伙子"，通过这两个句子让学生明白"勤奋"的用法。我们的体会是，从学生开始学汉语的时候就灌输这些词类的特点，让他们明白形容词的句法特点是经常构成"形容词＋名词"或"名词＋很＋形容词"两类结构，时间长了，这种对于形容词句法功能的认知就会在学生的知识结构中生根，在学习和使用形容词时，自然而然地意识到它们的特点，大大提高使用的正确率和语言表达的丰富性，提高语言使用的效率。换句话说，一些第一语言习得者通过语境和模仿自然获得的知识和能力，第二语言学习者必须通过掌握有关知识并在特定语境中不断练习来获得。这就是为什么在对外汉语教学中必须加强词类教学的理由。

（二）突出词语搭配在词类教学、句子教学中的枢纽地位

"汉语最终的裁判是句构。"（邓守信 2009）汉语语法的特点是词、短语和句子的构成规则具有一致性。因此，在教学中，词与词之间的搭配是词类教学、句子教学的枢纽，词与词搭配正确，造出的句子正确率

就高。如量词的教学，首先应当让学生理解量词通常是和名词搭配的，在实际的教学中，只要教名词就要告诉学生与其搭配的量词，反过来，只要教量词就要指出与其搭配的名词，这也是教学的一大要点。我们长期坚持这种教法，实践证明效果很好。教师要将这些规则长期灌输给学生，当学生出现偏误时，就提醒他们，等于让他们不断地回顾句法规则，这些规则就会内化为学习者的内在知识和自觉行为，稳定下来，把词类知识顺利地回归到句子，这是词类教学最根本的目标。总之，帮助学生建立词类的概念，掌握汉语词类的特点，就能在一定程度上避免偏误的出现。

（三）重视词的语法功能的教学

词的语法功能是指词与词的组合能力和词语充当句法成分的能力。在对外汉语教学中，虽然不需要交代这些概念的含义，但教师心中一定要有语法功能的观念，在词汇教学中以适合的方式加以体现。比如形容词，根据语法功能可分为性质形容词和状态形容词，二者在句法表现上不完全相同，前者不能直接充当谓语，后者作谓语比较自由。请看下面的例子：

　　　　*a 教室里安静。　　a'教室里真安静。

　　　　 b 教室里安安静静的。

同样都是形容词"安静"充当谓语，a 句在语法上是不自足的句子，含有"对比"的意味，暗含"教室以外的地方不安静或吵闹"的意义；a'是完整的句子，因为"安静"前面加上了副词"真"，消除了句子的对比性，是自足、完整的句子。也就是说，性质形容词充当谓语时在句法上是受限的，必须在前面加一个程度副词，或者变为状态形容词才能使句子完整，如 b 句将性质形容词"安静"变为状态形容词"安安静静的"，句子就站住了。可见状态形容词在句法上是比较自由的。强调词的语法功能，就应在教学中强调"教室里安静"不成立，要说成"教室里真安静"。遇到类似的情况只要多强调几次，学生就会自觉使用了。因此，词类的教学最终要落实到语法功能的教学上。如上文关于形容词的教学，就笔者目力所及，目前无论教材还是教师都不介绍形容词下位类型的语法功能，可能会造成大量不必要的偏误。当偏误出现时，教师不断地纠偏，这不是最理想的教学方法，与其这样，不如重视词的语法功能的教学，从源头上堵住学生出错的机会。这也是我们多年来追求的教学方法和策略。

（四）关于教材中词的下位类型的标记

教材是教学的依据，一部好的教材，无论是对教师的教学还是学生的学习与阅读，都有极大的帮助，通俗地说就是"好用"。教材的"好用不好用"体现在多个方面，其中对词性的处理就是一个重要的指标。目前对外汉语教材的词类标注，一般是只标记上位层次，如名词、动词等，不标记词类的下位层次。词类的分类层级是本体研究中的问题，而教学考虑的是实用，要的是简明，所以这样做无可厚非。但我们一再强调，教学语法是建立在描写语法的基础之上的，如果本体研究中发现的规则有利于教学，就可以拿来以恰切的方式为教学服务。比如动词，一般教材只标注动词，其实可以对不及物动词进行专门标记。在汉语中，及物动词数量巨大，属于"无标记"（unmarked）类，而且可以从母语中进行正迁移，可以不标。如"吃"的概念，不管是哪一种语言，都会关涉到三个成分，一是动作本身，一是吃的对象，再就是动作的发出者，所以只要用"吃"这个词，就会涉及"吃什么"的问题，用句法呈现出来，自然就会出现宾语。而不及物动词在汉语中数量远远少于及物动词，不能靠语义、经验来预测，也不能靠母语帮忙实现正迁移，所以不及物动词实际上是"有标记"（marked）类，最好在教材中专门标记。这样做有助于强化教师对动词的下位类型、句法功能的意识，也有助于学生准确地使用动词，减少不及物动词带宾语的偏误。如：

　　＊他去年毕业大学。

　　之所以会出现这样的错误，是因为学生不能自觉辨识"毕业"是不及物动词，教材也不作专门的标记，如果教师强调得不够，出错就在所难免了。

　　再如离合词的标记。离合词突出的特点是可离可合，一般情况下合起来使用，但在一定的语用条件下可以用其他词语隔开。离合词中动词所占比例很大，一般都是不及物动词，学生在使用中往往以普通动词的特点来类推离合词，一类推就会出错，如：

　　＊我要见面朋友。

　　＊他和朋友聊天儿了一会儿。

　　＊大家鼓掌着欢迎新同学。

　　＊他帮忙过我，要谢谢他。

　　＊大家高兴地跳舞起来。

　　＊请你帮忙帮忙我。

　　如果教材能将离合词标注出来，学生就掌握了一个非常重要的知识，脑子里有了这根弦儿，使用中就能减少偏误。这种标记，对教师备课和授课也有提醒作用。

　　需要强调的是，这里所说的标注词类的下位类型，并不是指对所有的词类进行细化的标注，而是强调对学习者容易产生负迁移的词类进行分类和细化标注。大量的能够正迁移的词语小类，只须在教学中点到为止，不必花太多时间去讲解练习，但对于不能正迁移的词类，不仅教材要标注出来，教师也要花精力进行精细化教学，并适当地加强练习。

（五）关于兼类词的处理

汉语的兼类词较多，如名词与动词的兼类，动词与形容词的兼类，动词与介词的兼类等，这是汉语词类的一大特点。这个问题非常复杂，是汉语本体研究中的重要课题。在对外汉语教学中，当涉及兼类词时，如果在理论上过多纠缠其概念和一个兼类词兼有某两种、三种词性，试图让学生一下子理解和掌握兼类词，势必使他们陷入"兼类词陷阱"，不仅会茫然不知所措，而且会对兼类词望而生畏。我们认为，汉语教学是以学生能够准确、恰切地使用汉语为旨归的，其实可以将兼类词分开来，作为几个词处理，不必考虑它在理论上是属于一个词具有多种词性。教材中遇到兼类词，就看它出现在什么样的句法环境中，按照此处出现的句法功能和语境标注词性即可。如"活动"一词，如果出现在"这项活动不错"中，就标注为名词，如果出现在"大家都来活动活动"中，就标注为动词。在教学中作为两个词来处理，不一定要明确指出两者之间的联系。这样处理，理论上可能有受英语等西洋语言词类观念影响的嫌疑，但实际上更容易使学生接受，化难为易，化繁为简。在对外汉语教学中，是追求"理论严谨"还是追求"实效管用"？答案显然是后者。

三、一些语法教学观念之商榷

（一）关于"语法不用教"

有人认为，儿童在习得语言的过程中并不专门学习语法，照样可以掌握得非常地道、纯熟，所以在第二语言教学中也无须学习语法。这种推论忽略了语言学习的两个主要因素的区别：学习者的不同和学习第一语言与第二语言的不同。而这两点又是密切联系的。从学习者来看，对外汉语教学的教学对象不是咿呀学语的儿童，他们已经掌握了自己的母语，在第二语言的学习中就会不自觉地将母语的语法规则与第二语言的语法规则进行比较，比较的过程中就会类推，当母语与目的语语法规则不同时，类推往往会出错。所以母语的语法经常在第二语言学习过程中起干扰作用。出现偏误不进行纠正，就会产生各种各样的不合语法的表达方式，导致交际不能顺畅进行，甚或产生"化石化"现象。为什么要给第二语言学习者教"把"字句，教它的结构、语义、语用特点，而母语学习者则不必教呢？因为母语学习者自幼在汉语环境中长大，不断地听到和模仿"把"字句，经过不断的刺激和反应的过程逐渐习得它的句法、语义、语用特点，并自觉运用，而二语学习者没有母语学习者这么好的习得环境，加上母语的干扰，必须靠老师讲解、有目的的练习来掌握"把"字句。换句话说，第二语言学习者必须依赖掌握目的语的语法规则来指导学习、运用，实现以简驭繁，尽快掌握目的语。这种语法规则或者依赖于课堂上老师的教授，老师怎么教，学习者就会怎么说，或者在教材上学习，教材怎么讲，学习者就怎么做。因此，第二语言学习中的语法规则必须通过讲解或解释进行灌输，通过练习加以掌握，这也是对外汉语教学中学生希望规则越明确越好的原因。

（二）关于"语法规则不需要解释"

通常认为，对外汉语教学中的语法教学宜遵循简单明确的原则，尽量少用语法术语，这无疑是正确的。但这一条并不是金科玉律，而要具体问题具体分析。在教学的初级阶段，因为学生的汉语基础薄弱，听力不好，掌握的词语很有限，如若教师对一个语法点讲解过多，学生根本听不懂，那就是浪费时间和精力，是无效的教学，而且会削弱学生的信心和积极性。何况这一阶段遇到的语法点非常简单，也没必要过多地解释，讲得越简单越好。但是，到了中高级阶段，情况就有所不同。这一阶段学生的汉语水平达到了一定的程度，听力提高了，表达欲增强了，而且学习内容的复杂程度也在提高，如果这时还不讲语法规则，仍然依靠学生自己去模仿或类推，有些语法规则就难以掌握。汉语中一些特殊的规则、特有的句式，对一些词语在语体、语用上的限制和要求，教材和教师必须讲授，以利于学生较快地掌握。如虚词的学习就是如此：与实词相比，汉语的虚词虽然数量不多，但在语言运用中起着"经络"的作用，而且虚词是封闭的，不能成批掌握，只能逐个学习。到了语言学习的中高级阶段，复杂的表达都离不开虚词，虚词会越来越多，如果教师对虚词的用法不做解释，学生恐怕很难掌握，尤其是近义虚词之间的差别。如：

　　a 汤峪的风景很美。

　　b 红河谷的风景更美。

　　c 太平峪的风景比红河谷还美。

　　这三个句子，a 用了副词"很"，只是客观描写，b 用了副词"更"，表示比较，c 用了"还"，不仅表示比较，而且有了特殊的强调语气，如果此处仍然用"更"，句子在语法上也通，但就缺了那么一点东西，语用上大不相同了（这就是"对不对"和"好不好"的区别）。这是为什么呢？因为"还"既是一个时间副词，又是程度副词，还可以表达语气，所以它在作状语的时候，兼有程度副词、语气副词的作用，主观性很强，使用时有明显的预设：在说话人心目中，红河谷的风景已经很美了，但是太平峪比红河谷还美！相形之下，"更"只是单纯地表达程度的加强，主观性弱一些，用在句子中预设性不强。这些同类虚词之间细微的差别，如果不讲，学生恐怕很难自己体会出来，也就不能准确使用。

　　站在学生的立场上看，在对外汉语教学中，学生大都希望从教材和老师那里获得一些明确的语言规则，希望学习的规则更加清晰、条理化。"教育心理学家有很多关于明确学习的成果报告，研究证实，成人明确的学习效果比较好，因为他们已经有抽象、逻辑、归纳、扩张等能力，所以有意识的明确学习或教师立场有意识的明确教学（explicit instruction），效果比较好。"（邓守信 2009）这里的效果包括缩短掌握目的语的时间，也包括避免产生二语学习中的"化石化"现象。

当然，不论是教材的解释还是老师的讲授，都不能违背精讲多练的基本原则，不能大讲语法理论，而是针对学习的内容，将语法解释与语境结合起来，突出功能，在交际中解释语法。

（三）关于"课堂听写止于字词"

听写是对外汉语教学中用来检验学习效果的有效手段，在对外汉语教学的各个阶段，从零起点到高级班，都可以使用。据我们的调查，多数教师将听写用在生词学习上，检验学生是否掌握了生词，会不会写。这种做法固然没错，也有其实用价值。但我们认为，如果将它扩展到句子、语段的学习中，用于检验和巩固语法学习的效果，可能更有价值。词汇是语言的建筑材料，是静态的，句子是语言表达的最小单位，是动态的，词语的学习最终要落实到句子和篇章中，也只有在句子、语段和篇章中才能检验学生是否真正掌握了这些词语，是否能够正确得体地使用。而句子、语段、篇章都涉及语法，如词与词的搭配、组合，句与句之间的衔接等。因此，听写句子、语段的更大价值在于，让学生在动态表达单位的构建中掌握词语、语法规则、语用规则，达到一石数鸟的效果。如果能用学过的生词让学生听写句子或语段，不仅能检验学生是否掌握了生词，还能培养他们将词语运用到句子中的能力，更好地、更大程度地实现语言的交际功能，才符合教学效率最大化的目标。这正是我们教学的根本目标，也是每一个对外汉语教师应追求的方法。笔者在对外汉语教学的中高级阶段进行过实验，效果比较理想。

四、结语

　　本章所谈的语法教学问题，尽管针对的是对外汉语教学的中高级阶段，其实对整个对外汉语教学都是有效的。

　　我们的总体认识是，第二语言学习的目标是实现好的、有效的交际。实践证明，第二语言学习者掌握了基本的发音规则和一定量的词汇，即使语法上问题很多，仍然可以进行简单的、日常的交际，但要高效地完成比较复杂的交际任务，就得掌握语法规则。要让学习者掌握语法规则，教材和教师就必须在这方面付出艰苦的努力。语法不仅要教，还要花大力气教好。

第十章

汉语本体知识在对外汉语教学中的重要性

本章提要：对外汉语教学归根结底是语言的教学。语言教学离不开全面、系统的汉语本体知识。本体知识有助于教学中准确解释词语，抓住教学的核心内容，突出教学内容的准确性和系统性，把握教学的重点、难点等。本章结合实例，分析讨论了本体知识在对外汉语教学中的重要作用。

关键词：汉语　本体知识　对外汉语　教学　重要性

对外汉语教学归根到底是语言的教学，这就要求教学者对汉语的内在规律、特点及表现形式有一个系统而全面的了解。在教学中，教学法的重要性毋庸置疑，但如何使教学法发挥作用，收到好的效果，不仅取决于教学者对教学法掌握、运用的情况，更离不开汉语本体知识的指导。也就是说，本体知识是一切教学活动的基础。那么，本体知识在教学中的重要性体现在哪些方面，如何将它运用到教学实践中呢？下面结合具体实例来谈一谈。

一、本体知识有利于解释词语深层次的内涵

词汇教学是汉语教学的重点，词语解释是对外汉语教师必备的基本功。词语的解释包括意义的解释和用法的说明，相对于意义的解释，我

们认为对词语用法的说明更为重要。外国人学习汉语词汇时，常常是明白了词的意义而不会用，或者单个的词义已经掌握了，但用在句子里就感觉不得体或不地道。原因之一就是教师或学生只重视词语的意义而忽略了用法。留学生在学习词语时，经常通过查外汉词典来了解其意义，而外汉词典只解释词语的字面意义，对词语的用法则说明很少；有的教师在解释词语的时候，也与词典一样，只重视词语的意义，对用法关注得不多。以上情况便可能导致学生"理解"了词却不会使用。因此，教学中应当突出词语用法的介绍，特别是中高级阶段的教学。对词语用法的说明包括对词的语法功能、使用环境、语体色彩、词语的搭配等情况的说明，另外还包括对词语"深层含义"即"言外之意"的说明。能否将上述内容交代清楚，与授课者对汉语本体知识掌握得是否充分透彻关系密切。例如：在讲解副词"至多"时，首先要讲清楚它的第一个意思：表示最大的限度，在语义上指向一个数量、时间、距离等，如"我家离学校至多两公里"。但这样解释是不够的，试看留学生的错误用例："这里离东京很远，至多5个小时。"此例包含两个句子，单独看，每一个句子都没什么错误，但两个句子连用时，就发现前后句义矛盾，原因是学生只知道"至多"的表层意思以及它在句法上的一些特点，如句中需有"数量"，但却没有掌握它的深层含义，即言外之意，就是"把事情往小说、往轻说、往不重要说"，如果教师对这个词的用法掌握得比较全面，在教学中注意说明、强调，讲解意义的同时把用法也讲透，学生就不会或者就会少犯上面的错误。而且，这个用法对于扩展学习"至多"的第二个用法——表示最大的可能性，有很好的铺垫作用，如"不交作业至多被老师批评一顿"。

再如，在学习"不外乎"这个词时，教师如果仅仅局限于讲它表示"不超过一定的范围"，相当于"包括"，学生就可能造出这样的句子："食堂的饭不外乎米饭、馒头，你想吃什么随便吃吧。"此句既没有语法错误，似乎也符合"不外乎"的意义，但听起来还是别扭。究其原因，还是学生对"不外乎"这个词的用法掌握得不准确，因为教师只讲了"不外乎"的字面意思，而并没有说明它的语用特点是"把事情往小说、往轻说，往不重要说"，这样看来，学生的句子前后有矛盾，难怪觉得不合适。

上面两个例子有一个共同点，即看一个词是否使用恰当，不能仅仅在句内看，还要往句外看，在语段、语篇中衡量用词的准确性、得体性。同理，解释、学习词语也不能仅仅局限于它在句子中的用法，更不能就词解词。

二、本体知识能使教学抓住核心

要把语法讲得清楚、简单，必须对本体知识有透彻的理解，否则，在教学中就抓不住核心，不能引导学生自然得体地运用汉语。这一点在语法教学中体现得尤为突出。

以存现句教学为例。汉语存现句的结构是：处所词＋动词＋宾语。中国人觉得这是很简单的句子，可是留学生在使用的时候往往采取回避的策略，无论在暨南大学中介语语料库还是在学生平时的练习语料中都很难找到存现句使用的偏误。笔者有一次在课堂上听一位老师讲存现句，她先将存现句的结构特点做了说明，并且进行了板书，然后让学生在固定的格式中做大量替换练习。学生似乎也掌握了该句式的用法，但当第二节课做回顾性复习时，老师出示了 PPT 动画，试图引导学生根据情境使用存现句说出"山上下来一个人"，结果学生说出的句子几乎都是"一个人从山上下来了"，因为这是他们熟悉的表达方式。可见教学并未达到目标。究其根本，是因为教学者对存现句深层的结构特点和表达功能了解不深，虽然强调了它在句式上的一些特点，并且花费大量时间和精力反复操练，但也只是流于形式。其实，存现句典型地反映了语言的象似性原理，即句子结构的安排直接反映事件发生的过程。在教学中，如果教师心中有这个知识，就可以引导学生，通过观察周围环境的过程，结合其句法结构来开展教学。如"地上放着一张桌子"，可以这样引导学生：当我们观察周围环境的时候，首先会看到一个大的背景，这个背景就是"场所"，然后会看到这个场所里呈现出来的东西，这一观察过程，用一个句子记录下来就是一个存现句：处所词（场所）＋动词＋宾语，类似的句子在具体环境中可以集中造出很多。学生掌握了这个"秘密"，就能毫不费力地一边观察，一边造出存现句，如："教室里坐着许多学生。""桌子上放着几本书。""墙上贴着一张地图。"这种教学方法不仅效果比单纯强调存现句的结构好很多，而且突出了存现句的表达功能，即对客观环境进行描写。教师在引导学生观察中一边说出句子一边板书结构，同时强调它的适用场合：当对客观环境进行描写时就会用到存现句。这样的教学既抓住了存现句教学的重点，又能引导学生自觉地运用，真正发挥了语言交际功能的作用。

其实，不独存现句如此，汉语的很多句子都既体现了语言象似性原理，又与中国文化的特点息息相关。比如汉语语法重"意合"的特点，造成了汉语特有的"流水句"，连动句、兼语句、连贯复句是其中的典型。此类句式都是按照现实事件的时间顺序、逻辑顺序来安排句子结构，也就是遵守"时间顺序原则"。因此，理论上说，一个句子里可以安排多个连动形式，也可以出现连动句和兼语句套合使用的形式，而且兼语句、连动句中间用逗号隔开，就是一个连贯复句，这体现了中国人的思维和文化特点对汉语句法的渗透。如果教师具备这些本体知识，就可以在教学中很好地利用它提高教学的趣味性和有效性，这样的教学效果远远优于只利用句法形式让学生填充词语的教学，也能最大程度地激发学生自觉表达的欲望。

三、本体知识使教学内容更准确

在对外汉语教学中，当学生问"为什么"时，有时教师不能合理解释，往往笼统地用"表示强调"或"这是汉语的习惯"来搪塞。作为一个合格的教师，这是最忌讳的做法。教师如果对本体知识有比较透彻的掌握，就有可能做出符合事实、简明扼要的解释，避免误导学生（当然，即使汉语研究专家也有回答不了的问题）。比如，汉语的形容词谓语句，特别是性质形容词作谓语，在句法上很不自由，必须出现一些表限制或补充的成分，否则在语法上就不能自足。比如当学生造出"她漂亮"的句子时，我们凭语感知道这个句子不如"她很漂亮"自然，如果问为什么，有人就会解释："很"表示程度高，去掉就没有这个意思了。这种解释看上去也没什么错，但没有抓住问题的核心。性质形容词作谓语时，其前面必须有表示程度的副词"很、挺"等，这样才是一个完整的句子。因为如果不加副词，整个句子从语义上看就有对比的意味，"她漂亮"就暗含着"你不漂亮"或"我 / 我们不漂亮"的意思，加上副词以后对比的意味就消除了。所以这里副词的作用并不是强调程度高，而是消除对比的色彩，让句子自足起来。所以有学者认为这是副词的"弱化作用"，这与我们凭感觉认为"很、挺"等表"程度高"或"强调"大相径庭。

再如"了₁"的教学。"了₁"的语法意义大家都耳熟能详，教师也一定会向学生解释清楚的。如果关于"了₁"的知识结构较为完整和系统，就会大大提高教学的准确性，也能最大程度地避免学生出错。"了₁"用于动词或形容词后，表示动作或状态的实现，但为什么"我买了书"符合"了₁"的语法意义却不能说呢？我们从语感上感觉不太好，会告诉学生应当加数量定语，说成"我买了两本书"就更好。但当学生问为什么时，解释起来就有难度了，需要对"了₁"的使用特点有较全面的掌握。"了₁"表示动作的完成或实现时，经常涉及动作的量，因此，在句法表现上就必须有一个数量定语。当然，这个问题可以从不同的角度来解释，比如，从功能语言学的角度看，这里的宾语应该是"无定"的，因此要有一个数量词来加强它的无定性；如果从认知语言学的角度来看，这里的宾语应该是有界的，因此要出现数量。总之，不管做何种解释，都离不开本体知识的积累。具备了这些知识，教师就会在例句设计、板书形式、引导学生运用中强调其结构特点，从而提高教学的准确性和有效性，避免学生出错。

四、本体知识可使教学更全面

与其他教学一样，对外汉语教学也需要系统化、完整化。就拿词语学习来说，学生固然必须明白词的意义，但掌握一个词的语法功能也很重要。当然，这里说的语法功能不是指让学生知道一些语法术语，而是要让他们掌握一个词或短语在句中的使用特点和分布形式。比如，课文中涉及的词，尤其是常用词、高频词，教材里通常会安排一个常见用法的例句，说明它在句法上的表现形式，但这个词的另一个常见用法的句例却可能没有出现。如果教师具备一定的本体知识，就不会忽略未出现的用法，一定会自然地将其纳入教学的范围，从而使学生对这个词语的掌握更全面，更能有效地实现交际。比如《汉语》第7册第11课《神奇的网络》中的生词"方便"，它在课文中的用法是名词充当宾语，原文如下："网络已经渐渐进入了现代人的生活，它给我们带来了很多方便。"教师应当在全面掌握"方便"这个词的句法功能的基础上，引导学生说出作谓语的句子，如"使用网络很方便"；作定语的句子，如"电子邮件是一种很方便的联系方式"。这样既可以帮助学生掌握词语本身的意义，同时也有利于提高学生的交际能力。事实上，"方便"这个词作为形容词的使用频率更高，如果忽视了它的最为常见的用法，就没有达到教学的目的。当然，授课时并不一定要强调"谓语、宾语、定语"这些语法术语，特别是在初级阶段。只是教师要心中有数，引导学生用所学词语说出充当不同句法功能的句子。这样的教学效果比干巴巴地讲解词语的意思和用法好得多。

虽然并未讲语法，但教师心中始终装着语法的知识，在教学中就会做到全面、系统，润物无声地帮助学生事半功倍地掌握汉语，提高交际能力。

五、本体知识有助于发现教学的重点和难点

人类大脑中的知识就像一张网络，掌握的知识越系统，越丰富，这张网络的网格就越密集，有关的信息投射到网络上，都会很快地被定位、解读。就汉语教学来说，教师关于汉语本体的知识掌握得越系统，有关的问题投射到这个网络上时，它的重要性、难易程度、解决途径等，都会马上被定位。因此，系统的本体知识非常有助于发现教学中的重点、难点。

比如语音教学，如果教学者有一定的语音学本体知识，教学中就很容易预测和发现学生学习的重点和难点，在教学策略和教学方法上有所体现，使教学事半功倍。如：东南亚有闽南方言和客家方言背景的华裔学生，在学习韵母 i 和 ü 时，常常相混。闽南方言和客家话大多没有撮口呼韵母，这个知识就能帮助教师预测这些学生在学习时会出现的问题：可能会把 ü 读成 i，比如把"旅游"lǚyóu 念成"理由"lǐyóu。从发音上说，出现错误的原因主要是不会做圆唇动作，而这两个音的不同就在于圆唇和不圆唇的区别。预测到难点和重点后，教师就可以在教学方

法上采取措施，如让学生以"i"带"ü"，先发不圆唇的 i，舌头位置不动，逐渐改变唇形，发出 ü。然后反复快速做 i—ü、i—ü 的交替练习，掌握起来就比较快。如果没有这方面的知识，就找不到存在的问题和解决方案，即使用的方法再多再好，花费很多时间和精力，教学效果也未必理想。

再如汉语的主谓谓语句。外国人存在的主要问题是学会造句后不能自如运用，即使使用，也只是停留在单句的层次，而且对使用的场合把握不好，不能扩及更大的语境。须知，主谓谓语句的使用特点是从不同侧面描写、评议和判断人或事物，经常多个句子连用，教这种句子要把教学重点放在语段上。如"她个子高高的"，后面还会出现相关的一串小主谓句（短语）：头发黑黑的，眼睛大大的……，由一个话题打头，后面用整个语段来描写一个人。只有在语段中教学，才算真正抓住了该类句式的教学重点，达到了学习此类句式的目的。重视语段的教学，不仅突出了教学重点，而且引导学生扩大了交际的内容，真正做到课堂教学的"交际化"，使教学"流动"起来，这比反复训练单个主谓谓语句效果要好得多。因此，主谓谓语句的教学不能停留在单句的教学中，而应该扩展到语段和句群，并且在练习的设计和操练方面有所体现。如，可以让学生从不同的角度对一个城市的情况进行描写；对一个人或事物从不同的侧面进行评价等。如果学生只会说简单主谓谓语句，还不能说已经完成了教学任务。

汉语本体知识在对外汉语教学中的作用体现在语音、词汇、语法、文化教学的方方面面。可以说，教学的有效性、准确性、针对性及教学法的灵活使用，都离不开扎实、全面的本体知识。

语篇衔接成分释例

第十一章

肯定、否定类语篇衔接成分释例

本章提要： 肯定、否定类语篇衔接成分，和其他几类有所不同。顺承、因果、逆转几类是从逻辑关系划分出来的，这一类则是从说话人对上文和对方话语的肯定、否定态度的角度划分出来的。在语篇中，说话人先对上文或对方的话表达自己的态度，接着就此继续延续话语，发表自己的观点。肯定类如：是的，是啊，对，对了，没错儿，不可否认；否定类如：不是，不对，不行，不会，算了吧，没那事儿。其中如"没错儿、没那事儿、话虽这么说"等的语法化程度较低，基本上只在口语中起转换话轮的作用。下文按照音序，分组释例。

关键词： 肯定　否定　衔接成分　释例

1.【本来嘛】

肯定类衔接成分。对对方或上文的话加以肯定。

第一，主要对对方或上文所说的话表示赞同，认为上文所说的事情是理所当然、合情合理的，并引出赞同的理由。

（1）各类问询、求助的电话、信件从全区、全市、全国雪片般飞来。对此，他总是尽己所能，倾力相助———"本来嘛，挂出小木箱就是为了助人！"（1996 年《人民日报》）

（2）"老高不是说过了吗？毁庄稼包产量嘛！"甘书记说，"本

来嘛，责任田了，又不是占你们的耕地，毁谁家的庄稼跟谁说一声不就行了？"（孙方友《官司》）

（3）孙子的顽皮笑聱，每日的日程安排，吃喝拉撒睡等等，都可以东拉西扯，敷衍成篇。其实呢，我倒很理解人家。本来嘛，"名家"也是人，生活有限，却又要经常不断地"生产"各类文字，"创造"作品，那么不写这些写什么呢？（1995 年《人民日报》）

第二，通过表示赞同对方或上文的方式，引导本人认为原本应有的道理。

（4）老先生则边就着豆腐干喝清粥，边慢条斯理地说，现在越来越多老依姆、老依伯也像我这样，喜欢上这些快餐店，本来嘛，人一老就偏爱些汤汤水水的，在家弄既麻烦又弄不好，到这里，随时来随时吃，汤呀羹呀粥呀，几十种的……（新华社 2001 年新闻报道）

（5）平白无故地挨了一顿打，还损失了金表，阿 P 是又心疼又窝火，可这火又无处可撒。想埋怨牛嘎，又说不出口，本来嘛，打赌是你阿 P 情愿的嘛，结局是有人捡表，自然应该算牛嘎赢了。再说牛嘎陪着挨了一顿拳脚，也够窝囊的。(《故事会》)

（6）如果已经感冒，今天晚上当然是泡汤了，又何必浪费别人的时间去接，而且影响了大家的练习。本来嘛！迟到就不应该，天气多变，不注意身体，更不应该。自己不小心，且不以团体为重，谁又能管得了他！（《读者》(合订本)）

（7）"我说错了什么吗？我只是开玩笑！"本来嘛，打情骂俏，原是情人间的乐事，为什么这样一句话，会引起她如此激烈的反感呢？（朱邦复《巴西狂欢节》）

2.【别逗了】

否定类衔接成分，用"你别开玩笑了"来表单纯否定，引出否定的理由，口语色彩强烈。

（1）别逗了，一只鸡才多少钱！（1994年《报刊精选》）

（2）小墩子瞪圆了眼睛盯住群龙，群龙又把那意思重复了一遍，小墩子不由得问："别逗了！你哪儿来的五千块？二荷的我可不要！"（刘心武《刘心武选集》）

（3）什么弟弟寻找姐姐？别逗了，现在国泰民安哪还有这种人间悲剧？哥们儿我见过你，你什么时候蹦出个姐姐？你姐姐早让你爸甩墙上了。（王朔《玩儿的就是心跳》）

直接接续对方的话题，引出否定的理由。

（4）"别逗了。"马锐扑哧一声笑出来，"您这叫一根筋。"（王朔《我是你爸爸》）

3.【不对】

否定类衔接成分。在对上文起否定作用的同时，连接自认为正确、确切的想法。

第一，简单否定，没有特殊的意味，只是表示不同意前文或对方的观点。

（1）孟老师是有头脑的凡人，会用美丽的辞藻，还教她念书写字。她拿起笔来，写了孟老师三个字。不对，不能那么写。姑娘家，怎么能管情人叫老师呢？别的称呼，听着又那么不是味儿，不庄重。（老舍《鼓书艺人》）

（2）像经常我们会听到说他出国深造，其实他就在隔壁公司工作，很多老板说因为我们付的薪水太低了，所以他跑掉了。不对，很多人离职不是因为薪水的因素。（《百家讲坛》曾宪章《说话的艺术》）

（3）田娃：大爷，假如我火了，你就是我的上帝，耶稣啥的，你就是我的再生，再生大爷。不对，你就是我的千里眼，不对，是

千里千里马。（赵本山《就差钱》）

（4）喂，喂，喂，发现两辆车在飙车，速度非常快，一个是宝马一个是奔驰600，请你拦阻他们。不对，是三辆车在飙车，后面还紧紧地跟着一辆拖拉机，并且拖拉机还打着左转向灯，想超车……（网络语料《看完没笑？你绝对够狠！》）

第二，当发现前文的事实或想法似乎不妥，先用"不对"否定，并引出进一步的事实或推测。

（5）老院长看着小李，眼里露出由衷的歉意。不对，他是在忍着什么，李阿姨又去看二班长，他背对着她两个肩膀微微抽动。（王朔《看上去很美》）

（6）正是姓曾，你让我想起来了，老曾。不对，是老谭，对了，正是老谭。（残雪《残雪自选集》）

（7）爸爸没有这样说，反而傻兮兮地笑容满面，也许他头脑简单，她想。更可能是喝醉了。不对，他在信中说他滴酒不沾唇。（《读者》（合订本））

（8）会上大家议论纷纷，莫衷一是；有的主张讨伐，有的坚决反对。不对，渐渐地讨伐派占了上风。（《宋氏家族全传》）

（9）……等结完婚，她抢走一半房子就离了，再跟一个漂亮的小伙子住在我的那一半房子里。不对，这件事肯定不对劲儿。（《读者》（合订本））

例（9）中"不对"否定的是"事情"不对，即说话人讲的那件事"于理不合"，而不是否定自己上面说的话。这种否定法在自言自语中很常见。

4.【不会】

否定类衔接成分。经常反复使用"不会"或与"不"连用。

第一，对前文的观点加以否定，后面是自认为正确的想法。

（1）严志和看朱老忠难过的样子，猛地照准胸口擂了两拳，说："不，不会，有我们的党在，中华民族不会完的！"（梁斌《红旗谱》）

（2）店主人笑道：我儿子都能帮着开店了，女儿也十四了，哪里还会有小孩子？你听错了吧？拉吉米说，不会，那里传来的笑声奶声奶气的呢。（迟子建《额尔古纳河右岸》）

（3）除非我脾气也像你这样好，人也像你这样好，我是无论如何也不会像你这样幸福的。不会，决不会，还是让我来自求多福吧，如果我运气好，到时候我也许又会碰到另外一个柯林斯。（翻译作品《傲慢与偏见》）

（4）"这样的话，"他严肃地说，"我做的捉小偷的绊子就没意义了。你以为我真会同意，这是一厢情愿。不会，狗一定要离开，绝对！"（翻译作品《小飞人三部曲》）

第二，在自问自答中，否定前面的想法，引出后面的正确想法。与"不"连用的频率很高。

（5）我说过要离开你吗？不，不会，永远不会。（琼瑶《月朦胧鸟朦胧》）

（6）怎么是白色的？不对，上次来山是绿色的，也是这个季节。难道我记错了？不，不会，就是这里，这里分明是一片青山，怎么能成了沙丘呢？（《读者》（合订本））

（7）莫非《挺进报》出了事情？不，不会，《挺进报》不会出事。（罗广斌、杨益言《红岩》）

5.【不见得】

否定类衔接成分，通过否定表示不相信前文的说法，引出另外的看法。语气比较委婉，因此"不见得"前面可出现"也""那也""那倒""那可"等词语。

（1）游泳都有兴趣，就连拳击比赛他也看。有人说，那么粗暴的比赛，打得头破血流的，有什么好看的。他说，粗暴？不见得，专案组打我，既不戴拳套，也不准还手，打得更起劲呢！再说参加拳击比赛的，都是为了钱，不值得同情。（贺捷生《我们叫他老迈（2）》）

（2）不见得，我爸爸就和老师知道的一样多。（《读者》（合订本））

（3）也不见得，等请来了再商量。（高阳《红顶商人胡雪岩》）

（4）那也不见得，我也有看不到的地方。（周而复《上海的早晨》）

（5）"那倒不见得，"潘信诚还是不说，"这事要慎重考虑，不能随便提。"（周而复《上海的早晨》）

（6）那可不见得，我还不知施家骥与盂倩彤一案如何收科。（梁凤仪《风云变》）

（7）小喜道："那倒也不见得，不过见了我他不敢怎样放肆，因为过去处的关系不同。"（赵树理《李家庄的变迁》）

（8）"这可不见得，"皮聘说，"我们也有很多自己的歌谣，或许你不会感兴趣。但我从来没听过这首歌。这首歌的内容到底是什么？"（翻译作品《魔戒》）

6.【不可否认】

肯定类衔接成分。多用于论述性的语篇中，对后面的内容加以肯定，所以其语篇功能主要不是承上，而是启下。

第一，前文说明一个情况，用"不可否认"做有保留的肯定，同时引出与这种情况相关、对立的结果或结论。它引导的多是转折性的意思，常与转折类衔接成分连用。因此，这里的肯定更多地是为下文的转折来蓄势的。

（1）这一方面说明政策科学的重要性，一方面反映出美国学术界对政策研究的关注态度。不可否认，研究生教育项目的开办对于促进政策科学的发展有着十分重大的推动作用。（CWAC\CPT0237）

（2）王恩学新疆创业悲剧是否可以说成"现象"、有关部门的是是非非可以讨论，但不可否认，在一些地方，尤其是经济欠发达地区，确实存在着不利于经济发展、妨碍企业家创业的氛围需要改善。（1994年《报刊精选》）

（3）尽管金融全球化具有促进世界经济发展的积极效应，但不可否认，金融全球化也带来了众多负面影响，金融全球化蕴藏着引发金融危机的风险。（CWAC\CFE0157）

（4）不可否认，儿童失学原因是多方面的，但毋庸讳言，教师流失是产生庞大失学群的直接原因。（1994年《报刊精选》）

第二，用"不可否认"引导与前文所说同时存在的另一种对立现象或可能性，此处，它实际上起一种承接的作用。

（5）大户、典型有其榜样的作用，但不可否认，也有其优越之处：比如人员素质较高，资金相对丰厚，政策环境好，获得支持也多。（1994年《报刊精选》）

（6）……大家对能够远行在外的人十分羡慕，哪怕到了现代，人们也依然以能够漂洋过海、周游世界为自豪。不可否认，出外旅行是一件既怡情又时髦的两得之事。但长途跋涉，难免车马劳顿，有不少老人或许会因此质疑……（《给老爸老妈的100个长寿秘诀》）

第三，有时也可说成"不可否认的是"。

（7）这其中当然有认识、水平、条件乃至技术性因素，但不可否认的是，现在严重存在着藐视公民合法权益，滥用国家权力的现象，这已成为当前社会关注的热点问题之一。（1994年《报刊

精选》)

（8）然而，不可否认的是，试验区内仍有一大批企业在从事简单的组装或单纯的贸易。（1994年《报刊精选》）

7.【不是】

否定类衔接成分。表示简单否定，即没有特殊意味，只是表示不同意对方的意见。在否定前面的话之后，用"是"等成分连接更正性的话，或进一步重申自己的观点。

（1）记住的是他的病床号数。然而当他离院之后，不论是因为伤愈离院或身故离院，我们随即连他的病床号数也忘记了。不是，我不是说忘记了那病床号数，这是我被派定了要看护的床位，我无论如何忘记不掉。（《读者》（合订本））

（2）这树条子不是用盐水浸泡过，沾着被抽打得体无完肤的犯人的鲜血的那种尖条，也不是校长的教鞭。不是，是从扫街的扫帚上取下来的。（翻译作品《安徒生童话故事集》）

（3）《三国演义》里面说，陈宫离开曹操是因为曹操杀了吕伯奢一家。不是，史实是曹操杀了边让、桓邵这些人陈宫看不下去，离开曹操，死心塌地地帮助吕布打曹操。（《百家讲坛·易中天品三国》）

（4）因为所有的对女性不利的问题，同样对男性都不利。并不是我们所想象的，说这件事我吃亏了，你就占便宜了。不是，实际上对两性同样的伤害。所有女性的问题，几乎都不是女性单独的问题，都是男性。（《百家讲坛》刘伯红《妇女与就业》）

8.【不行】

否定类衔接成分。通过否定前文的做法，引入自认为正确的做法。

第一，简单否定，没有特殊意味，只是表示不同意对方或前面的做法。

（1）而吴松桥年近半百，一生坎坷，自己一走，也许就要独自走完这越来越需要照顾的后半生了。不行，不管吴松桥怎么说，这离婚的事万万不能答应。（蔡康《花烛泪诉人间情》）

（2）今天，有个伴儿，可又不愿意搭茬。自个儿说吧、唱吧，人家还不以为我神经有了毛病，实在是憋着慌。不行，得逗这姑娘说话儿。（叶楠《祝你运气好》）

（3）"额尔齐斯——到黑龙江！"不，"额尔齐斯在西方流逝，黑龙江在东方奔腾！"他顺口诌出了两句，又摇摇头笑了。不行，伙计，这哪里像诗呢。他离开了电报大楼，顺着宽阔的长安大街缓缓骑车回家。（张承志《北方的河》）

（4）翟白元将鞋扔到了窑洞外。主席故作愠怒地说："你扔我的鞋子，你让我光脚革命啊。不行，你要赔！""赔就赔。"翟白元脱下自己的鞋子，推到主席的脚旁……（一依《毛泽东和他最亲近的警卫战士》）

第二，顺着前文，用"不行"对某种做法表示否定，同时引出进一步的做法或观点，从正面反驳前文。如：

（5）广东文学界终于承认自己的不行了。从前它是不承认的，总认为自己行，也努力折腾过几番，终于觉得还是不行。不行，体弱，就要输血，就"高薪聘请"。（黄利国《广东的文学急了》）

（6）只要她知道我是个怎样的人，就决不会同我来往了。我却还要埋怨她向那位先生卖弄风情呢。不行，就算她现在嫁给我，而我知道那个女人关在本地监狱里，明后天就要同大批犯人流放出去服苦役，难道我能幸福吗？（翻译作品《复活》）

（7）要进来的呢又没有进来。所以在这个管理上，不能够只有一个门槛，这个门槛我们叫做精神经济门槛，叫钱的门槛。不行，还有一个绿色门槛，什么叫绿色门槛呢？就是适合我的优先进来。

（胡兆量《步行街文化》）

9.【不至于】

否定类衔接成分，委婉地否定，引出进一步补充的内容。如：

（1）当然，不至于，没那么严重。（王朔《过把瘾就死》）

（2）展侍卫：那倒不至于，他们又不是东厂的人，可我就怕他们……（《武林外传》）

10.【当然了/啦】

肯定类衔接成分。对对方的话或上文加以肯定，同时引出下文。主要有以下几种情况。

第一，在对上文的肯定中带有轻微的让步口气，其后往往会引出进一步的申说。

（1）所以我们妇女要响应国家号召，首先在脑子里树立起商品经济的观念。什么丈夫，什么情人，统统交费，当然啦，收费也要合理，定价时要考虑到我国目前的总体工资水平，不要把人家都搞破产了。（王朔《千万别把我当人》）

（2）似乎很热闹很新鲜，现代派啦寻根啦，不客气地说，你那现代派是我们玩剩下的。我们年轻的时候比你们玩得血乎，当然啦，那时社会提供的条件也比现在好，烟馆啦窑子啦赌场啦应有尽有，美国怎么样？黑暗吧？（王朔《千万别把我当人》）

（3）这篇文章仿佛是在讲我们的事似的，我们现在有着良好的学习机会，当然了，还有争取第一的机会，但是我们因为"懒"而丢失了这个好机会。（HSK 动态作文语料库）

第二，前文的语气比较肯定，用"当然了"表示轻微的转折，其后补充说明转折的理由等。句子里常常出现"不过""但是"等连词。

（4）不过，如果她的语气听起来事情比较复杂，或者会使我感到烦乱，我就会跳过不听。这是我现在的原则。当然啦，有时候

不听，自己也会后悔，但是我知道，从长远看来，我会过得比较快乐。这就是我的秘密。(《读者》(合订本))

（5）餐巾上是一只棕色的大火鸡和一些金黄色的树叶，上面还写着"感恩节快乐"，当然啦，在盒子的最底下我藏了一张纸条，上面用红色大写字母写着："我爱你，朱莉娅，我的宝贝，祝你愉快! ——妈妈。"(《读者》(合订本))

（6）"哈，嗯嗯，我的朋友们，让我们散散步吧!"他说，"我是布理加拉德，在你们的语言中是快枝的意思，不过，当然啦，这只是我的绰号而已。自从我在一名老树人说完问题之前，我就回答好的之后，他们就都这样叫我了。"(翻译作品《魔戒》)

（7）甘道夫又笑了："是的，亲爱的矮人，"他说，"幸好我没有到哪里都被认错，这经验我可很丰富哪! 不过，当然啦，我也不会责怪你对我的欢迎仪式。"(翻译作品《魔戒》)

第三，用于应答，表示同意对方的意见，表达的感情非常丰富，常常有语气词"哦""啊"等出现，有时还可连用几个"当然了"。

（8）"哦，当然啦，"苏珊欣喜若狂地说，突然转向他，两手捧着他的脸。"哦!"——她盯着他的眼睛，退想着。(翻译作品《天才》)

（9）啊，当然啦! 我亲爱的朋友，在那些衰老妇人的眼中，你不是猴子是什么? (翻译作品《查泰莱夫人的情人》)

（10）"当然啦，当然啦，"他轻声回答。"小小的女人，挺大的勇气。"他抚摸了一下她的手。(翻译作品《天才》)

（11）"当然啦，当然啦，"他坚决地说，"你知道的。哦，我多么爱你。"(翻译作品《天才》)

11.【得了吧】

否定类衔接成分，强烈地否定前文，并进一步补充否定的理由。有时可以构成祈使句。

（1）就其本身来说是非常美好的品德，但是过分实践这些品德则是毫无益处的。你们这些年轻人一开始总犯这样的错误。得了吧，想一想！委屈自己，为了一个出卖你的人，竟然拘泥于小节，从而毁了你一生前程又有什么好处？（翻译作品《牛虻》）

（2）你确实是这样，伯特。你也会跳舞，一点儿不比别人差。你呀长得那么美，真的，你确实是这样，亲爱的。得了吧，亲爱的，现在你别哭，好吗？千万别哭了。我要是在哪儿委屈了你，亲爱的，我也是非常痛心的呀。（翻译作品《美国悲剧》）
强烈地否定，所引出的话语与前文正好相反，加强否定的意味。

（3）贝拉我是喜欢的。我觉得她很可爱。可是那个自作聪明的家伙，我估摸他也许还想姑娘们来巴结讨好他呢。得了吧，我才不巴结讨好他呢。只要有人告诉她有关吉尔伯特的举止谈吐时，桑德拉大致上就做出这样的评论。（翻译作品《美国悲剧》）

（4）"什么样的药丸子？"格伦医生深切关注地问。听了她说明以后，他仅仅这样指出说："嘿，这些药丸子呀。得了吧，你要是真的有了身孕，那些药丸子恐怕对你也并不会有真正功效。不过，我还得再一次劝你等一等为好。"（翻译作品《美国悲剧》）

【辨析】
"得了吧"与"算了吧"

前者语气强烈，是制止的口气，后者语气略弱，是劝止的口气；"算了吧"可以说给自己、劝导自己，即说话人自言自语，"得了吧"只能用于否定别人的情况。

12.【对】
肯定类衔接成分，表示无保留的肯定态度。

　　第一，用来肯定前文或对方的观点，紧接着进一步说明与这个话题有关的情况。

　　（1）（问：你们家是始终住在这儿吗？）对，始终就，一直，在这儿住了三十多年了吧，就在这，这，这个房子这合儿。（1982年北京话调查资料　郭荣胜）

　　（2）我们倒也老家庭。（儿子的爱人？）儿子爱人？（啊。）儿子媳妇不是就是？儿媳妇。（大儿媳妇二儿媳妇？）对，大儿媳妇二儿，婆婆和长辈就管她大媳妇二媳妇。（1982年北京话调查资料　何秀珍）

　　（3）反正现在就是，说实在的，现在全是叫名字。姐夫也有叫哥哥的。对，他也有叫哥哥的，他也叫哥哥。（1982年北京话调查资料　薛晶如）

　　（4）（问：他们回民是不是叫爷爷是ba ba？）对，对，现在，现在这么叫的还是有，不过少了。再往下去都改了，就。（1982年北京话调查资料　张佩芳）

　　第二，表示突然看到或明白了什么，或表示经过一定的思考就某个问题找到了正确的答案。前文常常有一些提示性的词语、信息或问句。

　　（5）凭她自我感觉，她的风韵早已胜过黛薇。然而，在这么一个名流云集的宴会上，她还是被冷落了。对，原因就是因为有那个该死的黛薇在场！（立原《不甘寂寞的苏加诺夫人》）

　　（6）我心里一热。就在这时，对面山上的信号灯亮了。对，信号灯！我一下子兴奋起来，大声对小刘说："伙计，快拿手电来！"（陆颖墨《锚地》）

　　（7）秦香莲，这是我不常听戏，反正我们这儿话匣子一阵儿也，那会儿也放，反正也听，陈香莲就是他这爱人叫什么，对，陈士美。好比，咱们听着人家冤枉，就是确实冤枉。（1982年北京话

调查资料　王殿元）

（8）您算我是十五岁么，虚岁儿十五岁，等于十四结婚。我这四十一年，您往前推推呢，那是，N 二七，N，N，对对，NN，日本时候儿么，日本投降的时候儿么，哎，日本投降的时候儿，哎，我就在那时候儿结的婚。（1982 年北京话调查资料　金淑惠）

第三，先肯定前文或对方的观点，然后说出自己的主张或相反的情况。其后带"那就"等衔接成分。实际上表达一种有限的、有条件的赞同。

（9）我是第一个接触这个问题的。可能有人要说，书那么多，刊物那么多，我不可能都看过，临时翻查也查不过来呀。对，那就要利用现成的工具，即书目和论文索引。（《读书》）

13.【好吧 / 那好吧】

肯定类衔接成分。用来表示赞同，或结束话题，并引出结束话题的内容。

第一，肯定前文的观点，同时进一步加以申说，衔接的后句通常有轻微的转折。用"好吧"引出的内容，通常是一个复句，或表转折，或表假设条件等。

（1）换了别人他或许会发火，但他却没对我发火，而是颇为欣赏地说："有个性，有个性。好吧，我尊重你的选择，不过以后想通了，可以随时到我这儿来！"（卞庆奎《中国北漂艺人生存实录》）

（2）中国有句俗话：入乡随俗。当你有钱时，你就是一个资本主义者，这是某些人的想法。好吧，我就是个资本主义者，但我还是觉得我口袋里的钱，我能看见用才是我拥有的。这也肯定是我所需要的。（姚明《我的世界我的梦》）

（3）谭乡长哈哈笑了：县长，我真是斗不过您的。好吧，既然县长发话了，我料定吴大水屁都不敢高声放一个的。我明天把车给

您开到县委来。(谈歌《大厂》)

（4）卢梭对这个题目的感受是："我被这个意义深远的题目激动了，我很惊讶这个科学院竟敢提出这样一个题目。好吧，既然它有勇气提出来，我也很可以有勇气来加以研究，于是我报名应征了。"这就是这本不朽的《论人类不平等的起源》。(《读书》)

第二，赞同前文的提议，并将有所作为，或在说话的同时伴随着动作。

（5）有一次在雷雨中我还往远处游，据说这很可怕。好吧，打雷的时候就老老实实地呆在房子里。(王蒙《壮游的"阿甘"》)

（6）朋友急于试砚，吐唾沫代水磨起来。米芾大惊失色，说："啊呀，完了，你弄脏了我的宝砚。好吧，送给你吧！"于是这块宝砚就归了朋友。(《读者》(合订本))

（7）我的泪水汪在眼眶里。彼得的痛苦原本可以免去的，可我就是不饶他。好吧，你不妒忌，你大度，我看看你能挺多久。(严歌苓《寄居者》)

第三，在对话、书信中，"好吧"最常见的用法是结束话题，其后紧跟结束语。

（8）她讲完这几句话，即侧过身去拿起手表看了看说，"哎呀！快11点了。好吧，今天咱们就说到这儿，以后我会跟你联系，我会尽快找一个机会让你跟总理见见面。"(张佐良《周恩来的最后十年》)

（9）好吧，今天我就写到这儿，下次再给您们写信。(HSK动态作文语料库)

"那好吧"多用于对话，表示赞同对方，其后往往连接表具体的行动的话。

（10）马汝龙对这侄儿一向是言听计从的，听了他这么一说，

也不好再拒绝了，便说道："那好吧，这事全由承林你操办吧！"（李文澄《努尔哈赤》）

（11）有一天，AdSense 团队的工程师们说："谷歌什么都有，就是缺一个游泳池。"谢尔盖·布林想了想说："那好吧，如果你们能把 AdSense 按时做出来，我就给你们建一座游泳池！"（李开复《世界因你而不同》）

（12）阿喇拜急忙上前劝说道："两部交涉事情，不应该杀害使者，这是古今惯例。请部长息怒，放他回去吧！""那好吧，先关起来，过几天再说。"桑虎尔竟被吉赛关押起来。（李文澄《努尔哈赤》）

14.【好的】

肯定类衔接成分。用来表示赞同对方的意见，或总结前文，引出另外的话题。有时连用两个"好的"。

第一，表示赞同对方的观点，尤其是关于如何行动的意见。同时引出下文。

（1）男人问他肯付多少钱。彼得请他先开价。这么大的雨，双倍车钱。好的，没问题。（严歌苓《寄居者》）

（2）钢琴在英国人、美国人撤退时是最不值钞票的东西，小姐你晓得的。那我会去想想办法的。要快点想。好的，谢谢黄先生。如果小姐你能弄到点金条，顶好了。（严歌苓《寄居者》）

（3）于是，我对那妇女说："我要先走了，把袋鼠给我吧！"那妇女听了一惊，但很快镇定下来，说："好的，好的，我上一趟卫生间，马上就回来。"什么？带上我的袋鼠上卫生间，难道这妇女知道了我这袋鼠肚子里藏了钱？（《故事会》）

（4）我说："脚卵洗了澡，来吃蛇肉。"倪斌一边退出去，一边说："不必了，不必了。好的，好的。"大家笑起来，向外嚷："你到

底来是不来？什么'不必了，好的'！"倪斌在门外说："蛇肉当然是要吃的……"（阿城《棋王》）

（5）小野心里暗暗敬佩郑敬之，心想，要不然自己又犯了急躁病，忙拍着郑敬之的肩膀说："好的，好的，不要惊动他们，将计就计。"（李晓明《平原枪声》）

第二，前文提出一种意见或建议，用"好的"衔接进一步地肯定该意见或建议，同时又补充另一个与前文有关的话题。

（6）同学们，谁丢下这些纸屑就是不爱国。天下无大事，请先把自己脚下的纸屑捡起来——这就是我的"教材"。好的，同学们，捡起自己脚下的废纸，就是爱国的开始。（《读者》（合订本））

（7）不行啊，我手中没权力，没有您的签字我哪儿能随便降三个点啊……啊，啊，行行，我今天跟他们谈，好的，一定争取把这一单拿下来，好，我听清楚了，再见啊陈总。（石康《奋斗》）

（8）"好的，好的，"范书记说，"另外，我们及时向上级党政组织作了报告，取得了上级领导的宝贵指示和有力支持。"（谌容《梦中的河》）

第三，用"好的"总结上面的谈话内容，并发出结束谈话的信号。

（9）但是不管怎么样，我相信随着我国教育信息化进程的推进，数字校园总有一天会来到我们每一个人的身边。好的，非常感谢四位嘉宾精彩的评述，也谢谢我们现场的观众朋友，我们下次节目再见。（《百家讲坛》吴文虎等《数字化校园与教育创新》）

（10）专家：四百万年，又多一百万年。好的。到底是多少万年，实际上刚才几位同学都有一定的道理，那就是看在什么时候说这个话了……（《百家讲坛》吴新智《人类的起源》）

15.【话不能这么说】

否定类衔接成分，用于对话，委婉地否定对方所说的道理，紧接着说明理由。

（1）话不能这么说，刘主席接见老时，是因为老时干出了成绩，这是老时和我们全家的光荣，"文化革命"不就是坏人逞能，好人受气嘛。（张兴廉《甘苦与共两夫人》）

（2）阿英瞪着眼睛想想，说，话不能这么说，这也不是挣钱多少的事，在工厂上班的时候，心劲不一样，觉得自己有工人的身份，背后有国家，那种感觉跟吃大锅饭不一样。（曾明了《宽容生活》）

（3）话不能这么说，我也是为您好。您在咱们胡同一向还是有威信的。办个手续不费事么。办了咱们不就全踏实了？（王朔《我是你爸爸》）

（4）"话不能这么说，姑姑这样的人品，配这么文雅的名字，还是点题。"宋墨甜言蜜语。（《非诚勿扰》）

16.【看你说的】

否定类衔接成分。认为对方的观点不太恰当，其后往往引出进一步的理由。有轻微的责怪意味，口语色彩重。

（1）秀珍一边给他擦泪一边说："看你说的，孩子虽然不是我亲生的，但我养育了这么多年，已经离不开他们了。老陈，你放心吧，我会照看好他们的。"（1994年《人民日报》）

（2）这天，她对立人说："立人，我对不起你，至今没有生一男半女。"孙立人笑了："看你说的，有没有孩子，这有什么关系呢！"（李伟《抗日名将孙立人婚姻传奇》）

（3）李：看你说的，嘿。我就是买东西吧，捎带着搂搂。咱这期封面儿要换成她，肯定能出彩儿。（电视剧《编辑部的故事·歌星双双》）

（4）王伟看到阿宝眼里闪着的泪光，心里也不舒服，他劝道："阿宝，看你说的，我不是这个意思，你别多心。可你我已经不是

从前的关系了，你要我对你做出亲热的意思，我做不到。"（李可《杜拉拉升职记》）

"看你说的"中，动词"看"可以重复，这时责怪的意味比较重。

（5）老套子抹了一下鼻子，说："看看你说的！没有人手儿，哪里来的孩子！说是做饭，也不过年前年后这么几天。"（梁斌《红旗谱》）

有时，"看你说的"后面出现补语，这时它构成一个独立的句子。说明它是"看你说的（得）＋补语"经过省略并语法化为一个独立的衔接成分。

（6）她听到"光着屁股"这句话，羞答答地低下了头，顶了妈妈一句："看你说的多难听！"（周而复《上海的早晨》）

（7）杜娟噗嗤地笑了，说："看你说的那个怕人，你也打听打听，我爸爸往外赶过谁？刚才那码事儿，你不要放在心里，他就是这么个脾气。"（浩然《夏青苗求师》）

17.【可不】

肯定类衔接成分，"可不"构成反问语气，表示完全同意对方的话，或表示前面所说的话果然是事实。口语色彩重。

第一，用"可不"肯定前文，后文顺着进一步说明情况。这是最常见的用法。

（1）大厅拜过天地，送入洞房，揭开大红盖头布，才发现新郎脸色苍白。"难道他有病？"达于顿起怀疑，但又不敢问。可不，新郎头痛胸闷，高烧不退，不久倒了下来，三个月后就丢下新婚的妻子走了。（姚芳藻《大克鼎的旧主人》）

（2）不，有些事，你不明白。比如，你不知道，过去，在学校时候，我一直都是多么……爱你的。可不，那是爱，而且，是第一次的爱。（田晓菲《哈得逊河上的落日》）

（3）我赶忙劝他：别跑，撞着人！他答说：还哪儿有人哪，整个上午就咱们两个参观。可不，我们进馆已经整整四个小时了，博物馆里再没进来一个参观者。（2000年《人民日报》）

（4）我看了看表，这前后总共不超过十分钟，他们谈起来却没完没了。油灯都点亮了，好几位索性坐在床上。可不，山上这单调寂寞的生活，就靠这点安慰。（高行健《灵山》）

（5）"对对，要说孩子也怪可怜的，打铃铛之后只认识变形金刚了。"戈玲说。"可不，不能让儿童就认外国玩具，咱不关心行么？六一节怎么得让孩子们乐乐？"江导道。（王朔《懵然无知》）

第二，先用"可不"肯定前文，其后补充说明与前文相反的内容，从而从正反两方面进一步证明所肯定内容的正确性。

（6）卡往里面一塞，敲打几下按键，没用1分钟，钱、"卡"、账单便一齐"吐"了出来，比在柜台取钱省时省事多了。可不，在柜台取款，又得填单，又得点钱，又得复核，更不用说有时还得排长队等候了。（1994年《市场报》）

（7）再从另一方面考虑，依我说来，我们并没抛弃了这儿的什么人。可不，要说实话，那倒是我们被人抛弃了呢……你看，我们的亲戚不是死了，就是逃跑了，抛下我们单身只影……（翻译作品《十日谈》）

18.【可不是吗 / 嘛】

肯定类衔接成分。

第一，接续前文话题，用反问的形式肯定前文的结论，其后的话往往是进一步验证前文观点的意思。

（1）我端详着名片上烫金的西澳州州徽，可不是嘛，在两只面对面站立的袋鼠中间，果然有一只在碧波中漂游的黑天鹅。（1993年《人民日报》）

（2）时下，美容已成了众多女士追求的时尚。可不是吗？谁不愿自己容光焕发、光彩照人呢？（1994年《市场报》）

（3）打电话让妻子把药送去，妻子去了，你的同事跟她开玩笑："嫂子，你是来'探监'的吧？"她说："可不是吗，都20多天了，你看他头发长的像劳改犯一样。"女儿吴佳也清楚地记得，你这个当爸爸的"说话从来不算数"。（新华社2001年新闻报道）

（4）吕建国笑道：可不是嘛！一眨眼，我都快五十岁了。（谈歌《大厂》）

第二，接续别人的话题，肯定对方或前文的同时，转而说明有关的意思、行为等。

（5）"和讨饭的人们比比，咱这日子还算在天堂里……"豁唇奶被这番话开导得连连点头，可不是嘛，比上不足比下有余！她的心遂安定下来，努了力把一个穷家支撑着，再不提熬巴豆喝毒药的事了。（周大新《无疾而终》）

（6）同学们理直气壮告诉他：我们订《市场报》啦！讲师踱到教室后面的报栏一看，可不是吗！他当场宣布，以后他的每节课将空出十分钟让大家阅读《市场报》。（1994年《市场报》）

（7）作为听者，我自喜之余又不禁迷惑："这真是饱汉不知饿汉饥啊！"可不是吗，没有秩序、没有稳定，只有阿Q，只有清谈骚客，哪来鸡蛋、导弹？中国人不又要被您的同胞们生吞了么？（《读书》）

（8）"不懂你的意思。"朋友说，"请你给我解释一下吧。""你瞧，可不是吗，一个我自己吃，两个给孩子吃，两个给爸爸妈妈吃。"（《读者》（合订本））

19.【没错儿/（不错）】
肯定类衔接成分，也可以不儿化，说成"没错"。使用中有几种情况。

第一，前后顺接。用"没错儿"表示无保留的肯定态度，后面引出说话人要补充的观点，口语色彩重。

（1）是谁啊。咳，怪我怪我。我是假何必呀。对，对对，诶，我跟你说呀，麻烦您呢，再给我办一次演出证儿。诶。对。没错儿，没错儿。二一番儿又来了。对，这回是独家儿独挑儿。纯粹义演，对。哦，《人间指南》编辑部。诶，对。（电视剧《编辑部的故事·人民帮人民一把》）

（2）"没错儿，"我的朋友深表赞同，"就拿我来说吧，从小没有母亲，所以我向来只叫爸爸。"（《读者》（合订本））

（3）没错，我认为男女之间最理想的结交方式就是如诗中所述的青梅竹马、两小无猜。（HSK 动态作文语料库）

（4）罗大伦：对，没错儿，他还要经过人生的历练，所以他这时候呢，学完医术回家特别有意思。（《梁冬对话罗大伦》）

第二，前后逆接。先承认上文提到的某个事实，但下文又引出与之相反的情况，语意重点在下文，其后经常用表示转折的词语。或者用"没错儿"先表示让步，然后转折，说出自己的观点，重点在转折以后的部分。

（5）我也感叹了，说："钱是不少，粮也多，没错儿，可没油哇。大锅菜吃得胃酸。主要是没什么玩儿的，没书，没电影儿。去哪儿也不容易，老在这个沟儿里转。（阿城《棋王》）

（6）徐承宗的流氓习气难改，也不想改——他认为这是潇洒和豪爽，便拍了胸脯："没错儿！是我徐某人干的。可不全是我干的，"他指着张全义的鼻子，"还有你！我叫你干的，你帮我干的，对不对？"（陈建功、赵大年《皇城根》）

（7）米歇尔·普罗玛乌雷科：我不同意这个观点。没错，女性

杂志为读者提供了休闲，但我不认为这一定就意味着它们的信息量不大。(《卓越媒体的成功之道：对话美国顶尖杂志总编》)

（8）"有人说我到美国是为了逃税，但是我至于为这么一点钱离开以色列吗？""没错，5000 万对你来说是小意思，但是对于以色列庞大的失业和贫困阶层来说，这是一个大数目。"(张剑《世界100 位首富人物发迹史》)

20.【没那事（儿）】

否定类衔接成分。否定对方或上文所说为事实，没有特殊意味，略含夸张的语气，口语色彩重。

（1）"没那事！祖宗八代的站棒子，啥命谁自个儿不知道？"老头子急得眼睛都红了。(礼平《小站的黄昏》)

（2）没那事，她有什么了不起，身上是不是人肉？（王朔《一半是火焰，一半是海水》)

（3）乙：没那事儿，你过去照样挨打。(《中国传统相声大全》)

（4）刚一出来警察过来了，嘿，喊我，我心里不亏啊，没那事儿，我虽说我自己知道我是黑社会的啊，他不知道。(《郭德纲相声集》)

21.【没听说过】

否定类衔接成分，多在对话中使用。

第一，单纯否定对方或前文所说的事情，说明不知道、没有这方面的经验或见闻。

（1）乙：我呀？没听说过，你听我一段相声，我还管还账哪。(《中国传统相声大全》)

（2）于：没听说过，有上外头避雨的吗？（《郭德纲相声集》)

（3）"……你们常跑故宫，看过这本书吧。"那位说"文化沙漠"的马上接口说，"谁写的？没听说过。我们这边儿肯定没出

过。"还有几位表示赞同。（1995年《人民日报》）

（4）四通总裁段永基问，"你准备到哪里去呢？"李玉琢说，"是去华为。"段永基惊诧地说，"华为？没听说过，没什么名气吧？"（吴晓波《激荡三十年——中国企业1978—2008》）

（5）沙当当却说："有这书吗？没听说过，不太清楚。我只看过《疯狂的石头》。"（李可《杜拉拉升职记》）

（6）后来出来一个《续阅微草堂记》不知谁续的，是纪晓岚自己续的吗？没听说过，他的全集里边没有，闹不清。这里面有一个什么故事呢？有一个《红楼梦》的本子，不是今天这个120回。（《百家讲坛》周汝昌评《红楼梦魇》）

第二，表示不留任何余地，语气比"不对"等更加决绝。用"没听说过"一方面否定前文，另一方面引出要补充的观点，进一步解释"没听说过"的具体内容。这种用法的频率很低。

（7）你叫他们别搞什么试验研究了，赔钱就赔在试验研究上！不顶！俺们祖祖辈辈种地，也没听说过什么试验研究。没听说过，种下去庄稼，过些时候，拔起来看看，过些时候，拔起来看看。可倒好，到收割的时候倒省事，地里全都光了！没听说过，还给谷子盖一座小房！你就是试验成了，谁家能像你这么种地啊？嗯！都跑到谷地里盖上小房？瞎白嘛！（汪曾祺《王全》）

22.【哪儿的话】

否定类衔接成分。以反问的方式否定前文或对方的观点，用轻微的转折引出否定的理由。

（1）"打算！胡扯，哪儿的话！不过，他兴许看中我们的某一个女儿呢。他一搬来，你就得去拜访拜访他。"（《读书》）

（2）不，哪儿的话；我只是觉得惊奇。（翻译作品《傲慢与偏见》）

（3）嗐，哪儿的话！佐山是不会跟你一个年轻人一般见识的。
（川端康成《生为女人》）

23.【哪儿呀】

否定类衔接成分，以反问方式否定前文或对方，有无可奈何的意味。

（1）哪儿呀，要像你这么看问题，那就好了！你们猜怎么着，人家死活不同意，说公共厕所是公共的，让你个人出钱修，那不成。（刘心武《画星和我》）

（2）王先舟　（先喝了一大口酒）哪儿呀，老二添了个男孩子，他忙，我这个做伯伯的还不给张罗着点吗？

　　　　丁翼平　别忘了，连你们老二到税局子去做事……（老舍《春华秋实》）

（3）哪儿呀，国产片，你不知道现在国产片都起洋名儿？（王朔《顽主》）

24.【那当然】

肯定类衔接成分，表示无保留的肯定，带有理所当然的口气。通常用来接应对方，多用于对话。"那"回指对方所说的事情。

第一，毫无保留地直接应答对方的话。

（1）记者采访李小龙这位"从好莱坞归来的影星"是否有意在港发展自己心爱的电影事业时，李小龙回答得很直接："那当然，如果剧本与片酬都合适的话。"（张小蛇《李小龙的功夫人生》）

（2）她每次病情加重的时候，都是思成不在她身边的时候。她把自己的这一发现告诉了思成，思成诙谐地笑道："那当然，我是林小姐最好的私人护理和心理医生嘛！"（张清平《林徽因》）

（3）那当然，那当然，那没说的。（王蒙《名医梁有志传奇》）

（4）我笑笑说："那你这次好好看看梅先生演出吧。""那当然，"这位将军断然说："他演几场，我看几场，现在已停战了。"（金凤《看梅兰芳先生演出》）

第二，用来肯定并申说前文的内容，用"那当然"引出进一步的说明。

（5）陈佐千说，那当然，她们谁也比不上你。（苏童《妻妾成群》）

（6）噢，那当然，阿妹是个好姑娘。（陆文夫《人之窝》）

（7）"好吧，可是什么都看不见，怎么猜呢？"人们抱怨道。"那当然那当然。"主持人连忙说，"我们不是学孙悟空玩隔板猜物，再说这里面也决不是破烂溜丢一口钟，那可是货真价实的关系到整个物理学的宝贝。"（《上帝掷骰子吗——量子物理史话》）

（8）一到家，妈就被我吵着拥出厨房，她接过信封捏了捏说："10天有这么一大沓？""嗨！那当然，知识就是金钱嘛！"我得意地说。谁知拿出来一看傻了眼：是15张壹圆面值的。（1995年《人民日报》）

（9）"那当然，'夕阳无限好'嘛！"我们异口同声地说。（1995年《人民日报》）

第三，用"那当然"肯定前文，后面紧接着用转折来引出相反的说法或观点。翻译作品中出现较多，应当是受原文的行文影响所致。

（10）"哎，那当然，"拜伦接着说，"但塞库洛人坚持要求将银行的储备金永久地存入塞库洛的保管库。就这样化为乌有了。"（翻译作品《地球杀场》）

（11）噢，那当然，她认得的字不多，虽然她也喜欢看《世界新闻》和她的《星期天彗星报》，但是写信对她来说是件困难的事情。（翻译作品《清洁女工之死》）

25.【那还用说】

肯定类衔接成分，用于肯定句，表示对方或前文所说的内容的正确性显而易见，不容否定。带有强烈的肯定语气。

第一，构成感叹句形式，后面可出现语气词"嘛"，理所当然的口气较强。

（1）"你怎么知道牛版明天准跌？"蒋老太答道："我有信息。白相邮票不掌握信息肯定要吃亏。""靠得住吗？""那还用说。"接着，蒋老太又话匣大开——"邮票价格忽高忽低，表面上看没有规律可寻，实际上它是有人操纵的。"（《读者》（合订本））

（2）每次三人一起出门时，邻居都用羡慕的口气说："你们每天都有那么多高兴事。"那时父亲总是得意洋洋地回答："那还用说。"而母亲则装出慷慨的样子说："分一点给你们吧。"（余华《一九八六年》）

（3）他一点不考虑他的话会起到什么作用，以小市民贪便宜的口吻回答："那还用说，捡起来往嘴里一扔，有什么好客气的！"好像不吃，倒是天大的傻瓜似的。（李国文《危楼记事》）

（4）如果有人问我"绿色食品和解决饥饿中哪个更重要"的话，那还用说，我一定说饥饿问题解决更重要。因为我不是坏人。（HSK 动态作文语料库）

（5）甲：那还用说嘛！打个电话就送几匹。（《中国传统相声大全》）

第二，构成反问句，其后常带"吗"，并可与"当然"等连用，肯定的程度更高，语气更强。

（6）那还用说吗？用点我们最想用的东西。把她们放在托盘里统统给我端来。但是父亲说，来两杯可乐。（朱文《我爱美元》）

（7）李卫东和拉拉于是又是一番感叹。李卫东指指笑吟吟地站在一旁的女服务员说:"那还用说吗! 你看人家这位靓妹,专业布菜的,她都说自己布菜水平不如你好!"(李可《杜拉拉升职记》)

(8)谭槟说:"那还用说? 他们只能够留在广州! ——要是留在广州,那还用说么? 他们就要重新下地狱,悲惨到不能再悲惨!"(欧阳山《三家巷》)

(9)蛛儿站在张无忌身旁,低声道:"阿牛哥,这人可比你俊多啦。"张无忌道:"当然,那还用说?"蛛儿道:"你喝醋不喝?"张无忌道:"笑话,我喝甚么醋?"蛛儿道:"他在瞧你那位周姑娘,你还不喝醋?"(金庸《倚天屠龙记》)

26.【你别说】

肯定类衔接成分,多用于对话中,表示肯定。有下列几种用法。

第一,在对话中承接对方的话,对其表示同意,往往用"你别说"引导自己进一步的肯定意见。

(1)不错,不错,你别说,这里还真不错呢。(李佩甫《羊的门》)

(2)你别说,是这么回事,就连这坐在一块儿拌拌嘴的工夫都难得。(陈建功、赵大年《皇城根》)

(3)你别说还真是的啊,最近他好长时间都没有这种要求了。(电视剧《中国式离婚》)

第二,引起下文,用"你别说"引出自己对某对象的肯定性评价,同时提示听话人,以引起注意。

(4)你别说这家常饭还真不错,都说这帮卖盒饭的靠出租司机挣着钱了,我不这么想。(1994年《报刊精选》)

(5)你别说,这年头,自命齐天大圣的人为数实在不少。(亦舒《紫薇愿》)

(6)我们这些所谓的名模就坐在公共汽车上,你别说,这么

多车中就这公共汽车有空调，只是车上没敢贴上"全国名模巡回演出"的字样。（卞庆奎《中国北漂艺人生存实录》）

（7）她看我走近，频频向我点头，嘴里喃喃地不知在说什么。在她身旁的小桌子上，有许多贱卖货。你别说，这些琳琅满目的小玩意还怪吸引人的。我向她道了早安，就慢慢欣赏起各种小摆设来。（《读者》）

27.【瞧你说的】

否定类衔接成分，用反问的形式否定对方的话，与"看你说的"的用法类似，但更加口语化。使用频率比较低。

（1）一句话把刘大妈怄笑了："瞧你说的，大妈是那乌眼鸡么？就不能客客气气地坐一堆儿说闲话儿了？"（王朔《刘慧芳》）

（2）佟湘玉：瞧你说的，啥钱不钱的，嫁鸡随鸡，嫁狗随狗，嫁妆再好，也比不上人好。（电视剧《武林外传》）

（3）大姐，瞧你说的，没这么严重吧？（《宋氏家族全传》）

28.【什么呀】

否定类衔接成分，以反问的语气否定前文，语气较为强烈。

（1）我涨红脸大声继续说："男演员实在让人没法恭维，包括屈夫子，就会剑指问天，什么呀，《蝶恋花》。"（王朔《浮出海面》）

（2）少壮不努力，老大徒伤悲。十年窗下无人观，一举成名天下知，哎呀，你这都乱七八糟的，什么呀，这是？这是你自己想的吗？（电视剧《编辑部的故事》）

29.【是啊】

肯定类衔接成分，表示无保留的肯定态度。

第一，用"是啊"表示赞同对方或前文的话，并带颇有同感的感叹意味。

（1）东西哪儿来的，都给你盖好了章，拿的再到社会局那合儿给你营业照。他那儿发你，每个营业照五块钱。是啊，待业青年免税呀。如果这里面有一退休工人跟我们一块干，就得交税啦。（1982年北京话调查资料　张国才）

（2）"人家好不容易嘛！"随便问了几个球迷，他们的回答惊人地一致。是啊，太不容易了。在战火尚未平息的伊拉克，他们没有场地，没有主场，没有经费，更没有待遇……（新华社2004年新闻报道）

（3）我们院里住着有一咱们北京大学的，N在那儿工作的，就是姓马，叫马增志，哎，就在我这院儿里头，哎，啊，是啊马增志。咱们住这房就是他们，就是他们的……（1982年北京话调查资料　金淑惠）

（4）最大的脾气就是人家指挥我什么事情都不听的，父亲母亲指挥我也不听的。（笑）杨澜（笑）训导主任也不听的。是啊，训导主任也不听的，当时《大公报》很希望我回到这儿来工作。（《杨澜对话热点人物：杨澜访谈录》）

第二，用"是啊"表示赞同对方或前文，并对前面的话作进一步的解释或引申。

（5）在物欲面前毫不动心是不容易做到的，但是严以律己、防微杜渐，却是应该而且能够做到的。此话说得入情入理。是啊，正如真正的英雄不在于无所畏惧，而在于能够战胜畏惧；真正的清廉也不在于没有欲望，而在于能够战胜欲望。（1995年《人民日报》）

（6）出寨子的人再洒上一勺水。每个走到他们身边的人，一反刚来时的躲闪，一个个站直了唯恐漏掉一滴地承接着清水。是啊！多一滴水，就多一分纯洁，多带走一分傣族同胞的祝福。（1995年《人民日报》）

（7）那点儿事儿，早起晚睡，做的头里，吃的后头。活儿杂，那阵儿他，他也不像人那大买卖是的，说的，有厨师傅。是啊，那阵儿他，他那个小作坊头儿，他都是用徒弟做饭，徒弟做饭见就是吃一样儿饭，窝头，吃窝头啊……（1982年北京话调查资料　梁国柱）

（8）啊你要跟你要说起来，哦，给你们几个也说这个这个夸口的话，哦，个个儿这点武艺儿不不成呢还。是啊，说不用你就没辙，就指着借、卖、当。当，有什么可当的；卖，有什么可卖的。（1982年北京话调查资料　闪文元）

30.【是的】

肯定类衔接成分，表示无保留的肯定态度。

第一，用"是的"对对方的话或上文的内容进行肯定，强调其正确性，并有加强语气的作用，相当于"的确""真的""确实"。

（1）星云大师：是的，所以要常发惭愧心，要肯认错，要懂得感恩。能够行事不昧、自我反省的人，都是有良知的人。（《传媒大亨与佛教宗师的对话：包容的智慧》）

（2）他更精通杂志跨国运作。其实他们早该这么做了。于是他们来到这里，我说："伙计，你们已经签合同了吗？""是的，已经签了。"我说："那你们为什么还要浪费我的时间？六个月前你们就应该来找我……"（《卓越媒体的成功之道：对话美国顶尖杂志总编》）

（3）于是，我们这个"中国名模演出团"加上乐队、服装、后勤，便组成了一个30多人的草台班子。是的，当时给我的印象的确就是草台班子。（卞庆奎《中国北漂艺人生存实录》）

（4）君巴蒂斯塔对雇佣军官说："少校，只要你说出最喜欢的武器是什么，我马上给你弄来。"军官回答道："才智。"是的，每个人都希望自己具有非凡的才智，而才智则又来源于个人的知识素

养。(《哈佛经理职业素质》)

（5）我暗暗的想妈妈像是不爱我，是的，她只爱弟弟。（暨南大学中介语语料库）

第二，用"是的"作为进一步引申阐述的过渡，即在肯定对方或上文的同时，引导对上文的进一步申说和解释。

（6）常有学生说："那人品格好，成绩优，知识面广，所以喜欢与他来往。"是的，一个在某方面品质好、能力强的人或具有某些特长的人，更容易受到人们喜爱，人们欣赏他的品格、才能，因而……（王登峰、张伯源《大学生心理卫生与咨询》）

（7）人世沧桑，流淌着历史的风云变幻。桥面是用大块的青石砌成，深深的车辙向人们展示着它那沉重而又繁复的阅历。是的，这里曾经响起过经久不息的如歌行板的辚辚车轮声，后来，伴随着枪炮就响起了野兽们铁蹄的践踏声。（1995年《人民日报》）

（8）我甚至觉得他还是一位赶去教室上课的学生，而非一位领导着庞大队伍拥有亿万资产的企业家。是的，他依然还是一副学生的模样，戴一副眼镜，文质彬彬，不善言词，也不习惯使用手势加强语气。（1995年《人民日报》）

第三，将"是的"作为接续新话题的手段。即用"是的"肯定前面的话，同时接续另外一个话题。

（9）我们两个在香港根本就没有休息过星期天，从早到晚就这么忙，付出的代价有多大！而且他已是50多岁的人了。是的，不管你过去在艺术界有多大的名气，也不管你以前在大陆是什么身份，一过罗湖桥，你就是另外一种人生了。（1994年《报刊精选》）

（10）后来的事实证明了：您并未怪罪厉慧良不谢幕，"拂袖而去"。是的。您不会"水袖"功。动不动说您"拂袖而去"，那是"为了打鬼，借助钟馗"。（魏子晨《厉慧良凭吊毛泽东》）

（11）打开这家出版社出版的这部书，前面有一篇说明，其中相当重要的内容是摘引了鲁迅对这本书的评论。是的，鲁迅不但是文学家，而且是思想家、革命家，各行各业都应该学习鲁迅，工商界也不例外。（《读书》）

【辨析】

"是的"与"是啊"，前者是单纯的肯定，后者感情色彩比较强烈，有感叹意味。这种差别是由语气词"的"和"啊"带来的。

31.【谁说不是呢】

肯定类衔接成分。一般只用于对话中，构成反问句，用感同身受的口气表示完全同意对方的观点。由于感情色彩比较强烈，所以在文学作品的人物对话中，说话前经常有"叹了口气"之类的描写。

（1）拉拉轻轻"哼"了一声说："谁说不是呢！肉感自然比骨感好……不说视觉，起码手感好呀。"（李可《杜拉拉升职记》）

（2）拉拉叹了口气说："谁说不是呢？我只能要那些活儿干得又快又好的人了，笨人和懒人我可要不起！"（李可《杜拉拉升职记》）

（3）王伟叹气道："谁说不是呢。我妈这两年睡眠越来越差，性子也越来越急，我看八成跟这血压有关系。"（李可《杜拉拉升职记》）

（4）丁春秋呵呵笑道："如此说来，你取这王鼎，倒是一番孝心了。"阿紫道："谁说不是呢？不过弟子除了孝心之外，当然也有私心在内。"丁春秋皱眉道："那是什么私心？"（金庸《天龙八部》）

（5）宋巩像是根本没听见老家院的话："你……随我差不多有三十来年了吧？""谁说不是呢！那年老奴差点饿死冻死在雪地里，要不是遇上老爷老奴还不早去见了阎王？这一说已经整整三十二年啦。"（电视剧《大宋提刑官》）

（6）杨太太 谁说不是呢！咱们这老派的人呀，就是爱个清静。

杨先生 啊，想起个故事来，老太太爱听不爱听？（老舍《残雾》）

32.【谁说的】

否定类衔接成分，用反问直接否定前文或对方的说法，接着补充自己的观点。

（1）二十二岁之前写《静静的顿河》，曹雪芹就写不出来，从二十岁到三十岁，或者是二十岁之前开始写，就写不出来。谁说的，这我觉得是根本不成其为理由的，五次修改，第一稿有人提出，他那时候还不叫《红楼梦》，或者不叫《石头记》。（蔡义江《〈红楼梦〉是怎样写成的（下）》）

（2）吃一顿嫩西葫芦馅的饺子。这么一想，便有了主意："少爷不是快八个月了吗？"给太太一个施展学问的机会。"谁说的，不是刚半岁吗。"太太的记性到底是比下人的强。"老这么老颠蒜似的！"（老舍《牛天赐传》）

33.【说得对】

肯定类衔接成分，表示对对方或前文所述事情的肯定态度，其后可能引导对前文的评价、总结等。有时也可先表示肯定，接着逆转到相反的意思上去。大多数情况下，"说得对"前面都带有主语"你"或人名，这时就不是衔接成分了。

（1）"客人在一起时我也常想，我的一生大概不会真地爱谁吧。这么一想，我的心情反而非常轻松。真是太无聊啦。""说得对，人世间太无聊。而且不会出现奇迹：早晨突然醒来，世界大变，变为一片欢乐净土。"（《当代世界文学名著鉴赏辞典》）

（2）另一个接过话荏：说得对。比如关于物价涨幅过大，就

讲得十分客观。提出今年要大力控制物价，符合老百姓的心思。（1995 年《人民日报》）

（3）"说得对，我这虾可是数一数二的，若不卖到 60 元钱，绝不放虾！着什么急嘛，好戏还在后头呢！"林老五说得好轻松……（1994 年《市场报》）

（4）有些太太小姐也许会说，要是把书里的故事删去几篇，那也许会好些吧。说得对。不过我是无能为力的，人家怎么说，我就怎么写下来。（翻译作品《十日谈》）

34.【说的也是】

肯定类衔接成分。表示赞同对方或前文的观点，但语气有所保留。

（1）他们集在音乐教室门外，当补考时音乐老师的钢琴一响，就在窗外来个大合唱，我只要跟在他们的声音里哼就成了。说的也是，补考时，他们果然在窗外大吼大叫地唱起来，我在音乐教室里，被他们宏亮的歌声感动了……（《读者》（合订本））

（2）说的也是，忙和不忙，要看人来定。想见的话，忙也不忙，不想见，不忙也忙。（《非诚勿扰》）

（3）说的也是，我见过夫妻俩吃饭，各人摊开各人的报纸细读，一句话也无，亦不交换眼色，的确可怕。（亦舒《红尘》）

（4）"说的也是，也只好等了。"希莉丝就像是能自我理解了似的小声说着，并开始轮流注意着守卫以及正悄悄前进的佛斯他们。（翻译作品《罗德岛战记》）

（5）她以前很喜欢从衣柜里跳出来吓我，可是最近少多了，哼，说的也是，玩的多也会厌啊。那她会不会藏在厕所呢？（王家卫《重庆森林》）

35.【算了吧】

否定类衔接成分，强烈地否定对方或前文，并引出反驳对方的话或正面的意思。

第一，主要表达放弃原来的某种想法、观点等。

（1）梁信绝望了。他找到戴碧湘说："感谢你对我的帮助，可现在看来，剧本是没希望了。咱不是制片厂的人，何必呢。算了吧，话剧也要人写。"梁信决心将话剧团正在边改边排，然而怎么也推不上去的一出大型话剧《南海战歌》推上去。（肖侠《梁信成名作的辛酸》）

（2）"不是的，"那个崇拜者说，"我肯定他天生如此。算了吧，我们不可能练成他那样的体格，咱们别再谈论施瓦辛格了，来喝点啤酒吧。"（翻译作品《富爸爸，穷爸爸》）

（3）私生子，稍差一点；可是自己已经五十多了，恐怕不易再生小孩了；况且牛老者那个怯劲。算了吧，老绝户还有抱个哈叭狗当孩子养的呢，况且这是个真正有鼻有眼的小孩。（老舍《牛天赐传》）

（4）委屈不好对别人说，还不可以对自己的父亲，妻，儿子，说么？他离开了铺子。可是，只走了几步，他又打了转身。算了吧，自己的委屈最好是存在自己心中，何必去教家里的人也跟着难过呢。（老舍《四世同堂》）

第二，构成祈使句，否定前文或他人提出的做法，引出另外一种相反的做法。

（5）甘道夫说："你们其实也可以把我当作萨鲁曼，我扮演的是萨鲁曼应该担任的角色。算了吧，还是告诉我你们的故事吧！在我们分手之后，我越过了火焰和深水的考验，再度记起了许多我早已忘却的事物。"（翻译作品《魔戒2》）

（6）"祥子，"曹先生的手已裹好，"你洗洗！先不用说什么辞工。不是你的错儿，放石头就应当放个红灯。算了吧，洗洗，上点

药。"（老舍《骆驼祥子》）

36.【也是】

肯定类衔接成分，仔细琢磨后赞同对方的意见或某种观点，语气上有所保留，含有有条件地赞成对方或"退一步想"的意思。经常用来描写心理活动。

（1）你没听见刚才开车的小许在镇委大院里嚷，要全镇人勒紧裤带给镇里买台桑塔纳，不然出门太丢人了。杨校长说，也是，县里随便哪位领导卖台车子也够全县教师好好过上一个月。（刘醒龙《分享艰难》）

（2）怪了，也就是"按摩按摩"，也要讲个"形式"？也是呀，也是，若是没有了这些"形式"，又怎敢称"大师"呢？可是，很快他就发现，他错了。（李佩甫《羊的门》）

（3）大家一想，也是，今天没有等到敌人还有明天嘛，又没把敌人放走，何必这样泄气呢？（李晓明《平原枪声》）

（4）唉，也是，有人管着，就不自在。挣你们的钱，也不容易。我常去县里进货，甚时到你那儿窜窜。（吕新《圆寂的天》）

（5）"唉，也是，这一浇油不要紧，我也引火烧身啦！"金枝无可奈何地一笑。（陈建功、赵大年《皇城根》）

37.【这倒是／那倒是】

肯定类衔接成分，表示赞同对方意见，但语气有所保留。因此，后面常有构成转折关系的句子或分句。"这""那"均回指对方的话或前文的意思，用"这"用"那"意义上区别不大，使用频率也相差无几。

（1）那么，是指诺贝尔奖金了。这倒是，今天还没得上。但这并不意味着就是没有走向世界。（王蒙《文学与世界》）

（2）"那么大的风，没想到你们比我们还会玩命。本来想，在台风中你们不会冒险来查，料不到在这儿一点也不平安。"这倒是，

一旦驶入公海，钱某的"发财梦"就可圆了，竟想不到栽在"玩命"的缉私队员手上。(2000年《人民日报》)

（3）这倒是，可他只是个孩子，看问题还不太理智，你我却已是成年人。我们能做到随遇而安，见机行事了。(翻译作品《消失的地平线》)

（4）"结婚哪有一对是不吵架的？听说有人统计过，独身对于世界和平的贡献仅次于联合国。"穆青苦笑道："那倒是，就像我跟穗珠，现在一天不吃饭可以，一天不吵架根本过不去。"(张欣《掘金时代》)

（5）"干爹又不是亲爹，农民没钱没势没知识，身体却好，认个农民干爹对娃娃好。"夏天智当下心就动了，说："那倒是，认个农民干爹也好啊！"大家就起哄："那就认吧，那就认吧！"(贾平凹《秦腔》)

38.【这倒也是／那倒也是】

肯定类衔接成分，委婉地赞同对方或前文的意见，语气较弱，比"这倒是／那倒是"语气更加委婉，常常伴随着转折关系的后续句。"这""那"均回指对方的话或前文的意思。用"这"用"那"意思差别不大。

第一，"这倒也是""那倒也是"表示赞同，下面接着有进一步的申说或解释。

（1）劝慰她："公主这是说哪里话？我可晓得驸马爷对你很不错的，常常陪你上街市逛逛给你选买礼品。"慧珏笑道："这倒也是。说起来今日来探望玉贞也亏得他提醒一句。我还不知道你怀孕之事呢。"(电视剧《大宋提刑官》)

（2）"那倒也是，说出来有什么用啊？只能让别人幸灾乐祸，最多是不值钱的同情。"(王朔《我是你爸爸》)

（3）李冬宝："那倒也是，没听说除了人还有第二个这么恶劣的物种——我不是单指中国人。"（王朔《谁比谁傻多少》）

（4）"要是让他知道了，他非但不会借给我银子，反而会让太太百般阻挠我，不让我去呢！"曹掌柜呵呵笑了起来："那倒也是，陆老东家这么一个人，怎么会让自个儿的女婿拿着自个儿的银子去冒这么大的风险！"（电视剧《乔家大院》）

第二，用"这倒也是、那倒也是"接续话题并表示赞同前文意见的同时，用轻微的转折转换话题。这时，似乎"这倒也是"比"那倒也是"例子更多，可能是"这"表示的回指在主观感觉上距离说话人更近的缘故。

（5）李：这倒也是。不过要我说，你早就够了。（电视剧《编辑部的故事》）

（6）"这倒也是。"高洋说，"不过换别人还不如他，咱们熟的这几个哪个是见事躲着走的？"（王朔《玩儿的就是心跳》）

（7）"那倒也是，"妈妈应声附和，可是一转眼又说道，"倘若在别的时候，倒可以放他一条活路算了。不过……"（翻译作品《尼尔斯骑鹅旅行记》）

39.【这叫什么话】

否定类衔接成分，以反问的形式表示强烈的否定，用法与"这是什么话"类似。但"不以为然"的语气更强烈。

（1）奇谈怪论，什么发动战争是为了"解放亚洲"，什么承认侵略等于"民族自虐"，什么反省罪行就是"谢罪外交"。这叫什么话？这实际上是在为军国主义扬幡招魂。有些日本人一再抱怨，日本在国际上没有朋友，亚洲国家对它缺乏信任。（1996年《人民日报》）

（2）他江古碑也会感到由衷的高兴，可是，令他沮丧甚至气愤的是，她竟然说："只要是为了抗战，怎么样都行。"这叫什么话？怎么能"怎么样都行"呢？简直是毫无立场，也毫无爱憎。但是在这个场合，江古碑无法发作。（电视剧《历史的天空》）

（3）"八爷！你开付饭账，改日再见！"老张站起就走。"这叫什么话，你坐下！"（老舍《老张的哲学》）

40.【这是什么话】

否定类衔接成分。用反问的形式表达否定意义，因而后面经常与"难道"等表示反问语气的副词连用，加强反问的力度。

（1）"这是什么话，难道江青同志不是属于全党和全国人民的吗？"张春桥进来时一直注意听着电话，这时猛然插了话："东兴同志……"（师东兵《"按既定方针办"出笼之后》）

（2）花花公子笑道："这是什么话，只要你们肯乖乖地合作，本公子身边就带着三四百两银子，一起给你们都行。"（古龙《圆月弯刀》）

有时后面接一个反问句，更突出"这是什么话"的反问色彩。

（3）这是什么话，这是同父母说话的口气？（亦舒《流金岁月》）

（4）啊！这是什么话，这能是一位子爵遗孀说的话吗？娼妇！这女人是个天生的娼妇！（翻译作品《白发鬼》）

（5）王二婶　她，她演电影？在这儿演吗？

　　　齐　母　这是什么话，这儿又不是制片厂！

　　　王二婶　那么，她在这儿干什么呢？（老舍《女店员》）

41.【这算什么话】

否定类衔接成分，以反问方式否定。用法类似于"这是什么话"，语气略微弱一些。

（1）陈昆生像挨了一闷棍，心里怏怏的，很不是滋味：这算什么话？来就来，不来就不来；又来又不来的，让人怎么办？真是的，最好别跟当权的打交道，最后弄得自己人不人鬼不鬼。（谌容《梦中的河》）

（2）虞允文气愤地说："这算什么话！现在国家遭到危急，我怎么能考虑自己的得失，逃避责任。"（《中华上下五千年》）

第十二章

因果类语篇衔接成分释例

本章提要： 因果类语篇衔接成分，许多是表因果的关联词语，常用于因果复句内分句之间，同时可用于连接对话和篇章。可以根据语法化程度分为两小类。一类如：果然，结果，果不其然，所以说，看来。这类成分的共同特点是语法化程度较高，用法多样。另一小类如：这么一来，这样看来，不管怎么说，说到底，说到头。这些成分只能用于语篇衔接，口语色彩浓，语法化程度低。下文按照音序，分组释例。

关键词： 因果关系　衔接成分　释例

1.【不管怎么说】

因果类衔接成分，表示无条件致果的关系，即不论条件为何，结果总是一样的。既可用于语篇，也可用于复句。前面往往带着表转折的"然而、但是"等。

（1）对我国教育的发展，我是乐观的。困难是有，但要看到有利条件。不管怎么说，这几年经济发展是快的。经济是基础。经济的发展必然会带动教育的发展。（《邓小平文选·第三卷》）

（2）有的追着他求解那三个酒盅之谜，他自己则说他要沿着这条思路专门写一部书，说对后人从事创作可能有好处。不管怎么说，他的一种研究工作的新格局似乎开始出现了，它是专谈艺术

的，专门研究一部名著是怎么诞生的。(舒乙、丁聪《王行之开创"虎妞学"》)

（3）这些年来，父亲变得善解人意了。好多信里总不忘让我把发表的东西寄给他。看了以后又说，我写的东西他看不懂。不管怎么说，父亲总算原谅了我。(张陵《父亲》)

（4）也许饥饿的痛苦比我们所体会的痛苦好些，但不管怎么说，饥饿的痛苦不是件快乐的事，我们每个人都应该"舍己为人"一点，使世界上每个人都体会不到饥饿。(HSK动态作文语料库)

（5）对于以上处理，有人叫屈，有人说轻，但不管怎么说，辽宁省敢于公开曝光，就足以表明其缚住恶性事故的决心和勇气。(1994年《报刊精选》)

留学生误用

将"不管怎么说"与"无论、不管"相混，如：

但是老师们的鼓励下，不管怎么说学习压力很大，我们都依然爱学习汉语。(暨南大学中介语语料库)

2.【怪不得】

因果类衔接成分，表示由因致果的关系。有恍然大悟的意思。主要用于下列情况。

第一，前面的篇章交代事情的来龙去脉，说明原因，后面的话用"怪不得"衔接，说明结果，有"恍然大悟"的意思。

（1）两三工人叮叮当当刀斧相加，老树颤抖着淌出浓稠的褐汁终于放松土地倒下，这才发现树根原是蟠在一口深井里。怪不得无论天多旱，那龙眼果总是一泡蜜汁。(舒婷《老家的陈皮芝麻儿》)

（2）被她这么一说，文浩心里麻麻酥酥的，这个营营，真是有味道噢。怪不得她卖保险，没有自己这么辛苦，陪太太团都快陪残了，才接两张单，人家可是四两拨千斤，客户倒过来请她吃饭。

（张欣《今生有约》）

（3）"万宝山事件"发生的1931年7月2日，距离"九一八"事变发生的1931年9月18日只有两个半月。怪不得都说"万宝山事件"是"九一八"事变的前奏。（《策马入林——林思云、马悲鸣对话中国近代史》）

（4）累得要瘫下来，小龙却手不停脚不住地练功。我说："你真是个铁人。"他说："不，我是超人！"我说："哦，怪不得你会超过许多人。"他认真地说："有点这个意思，但超人的含义比这要深刻得多。"（张小蛇《李小龙的功夫人生》）

有时，表示原因的句子也可放在"怪不得"所引导的句子的后头。

（5）一会儿，邓小平对香梅女士说："你来京以前，我就对你舅舅说，他这个海外关系实在要得，怪不得他们要把他送进牛棚。哈哈，他是坐牢专家，英国人的牢，日本人的牢，国民党的牢，共产党的牢，他都进去住过。"（1994年《报刊精选》）

第二，"怪不得"经常与"原来"配合使用，可用于前一分句或后一分句，"怪不得"所在句子表示结果，用"原来"与之配合解释这种结果的原因，凸显说话人对原因的恍然大悟。"怪不得"引导的句子（分句）可以在前，也可在后。

（6）笔者忽地发现在学习桌前练字的还有一名干部，一问原来他就是榴炮一连的指导员杜国民。怪不得这个书画装裱班设在榴炮一连呢。（1995年《人民日报》）

（7）好家伙，原来王玉的这个骨灰就是贺老总的骨灰？！也不知是什么时候去世的，怎么从未听公墓有人说过呢。怪不得好几年听不见贺老总的消息了，原来他早已离开了人间。（李威海《贺龙元帅悄然离去》）

【辨析】

"怪不得"与"难怪"

"怪不得"与"难怪"都可以表示因果关系，说明对结果的"恍然大悟"，但前者的口语色彩重。"怪不得"结构凝固，后面可带简单宾语，大多由人称代词充当宾语，如"这事怪不得你"。

留学生误用

"怪不得"与"所以"共现，语义重复，如：

韩国跟中国刚建交了，怪不得，所以现在很多公司、旅游公司招聘。（HSK 动态作文语料库）

3.【果不其然】

表示由因致果的衔接成分。与"果然"意思相同，表示"事实与所说或所料相符"，但"不出所料"的口气比"果然"重，口语色彩较浓，使用频率低于"果然"。主要充当语段衔接成分，或独立构成分句，后面一般需停顿。例（5）（6）"果不其然"作分句。

（1）在第一场演出时，她真的来了，而且观剧过程中，我发现她还看得十分入神、动情、着迷，果不其然，幕还未落，她已按捺不住艺术的冲动，立马直奔后台，热情称道这是一出难得的好戏。（1996 年《人民日报》）

（2）大年说，有一天下午，他背得唇干舌燥，晕头胀脑了，还得背，果不其然，鬼使神差，当众把"白求恩到五台山"背成了"到台湾"。（高洁《胡同里的"没落王爷"》）

（3）果不其然，大娘大嫂大爷们让鬼子给圈了回来。（王朔《看上去很美》）

（4）果不其然，到院里那个狗娘养的奉了圣旨似的教我跪下。（老舍《杀狗》）

（5）我算到你也该来了，果不其然。（高阳《红顶商人胡雪岩》）

（6）这部内容浩瀚的巨著，既是学术著作，又是时代镜子，其范围至少包括文、史、哲三方面，而精思锐笔，博学卓识，更在《谈艺录》之上，老成胜少作，果不其然。（《读书》）

4.【果然】

因果类衔接成分，属于由因致果的类型。表示事实或已经存在的某种经验与自己的预期或预料相吻合，即"不出所料"的意思。上文一般表示有表达预期内容的话语。书面语和口语中都可以使用，常用在下面的几种情况中。

第一，前面说明一个事实，后面的结果与前面的料想一致，前后用"果然"衔接，有"不出所料"之意。

（1）判我十年我都不上诉。甚么意思呢？蒋介石他要能关你满十年才算完，十年不到你死了，关我甚么东西？果然，蒋介石死了。我蹲了五年，他就死掉了，我结果坐了五年八个月就出来了。（《李敖对话录》）

（2）像诸葛亮的防身铜囊一样，叫他每月印一本，还告诉他如果我有机会自牢中运出新稿，就尽量以新的取代旧的。果然，我进去第二个月以后，我就发现有门路运新稿出来，所以后来几期的"千秋"，都有新文章出现。（《李敖对话录》）

（3）那时候，他有两个愿望，一是参军打日本，二是将来要是管铁路的话，一定要像东北火车一样正点到达，准确无误。果然，他的两个愿望都实现了。（任晓路《传奇将军吕正操》）

（4）沉默了好长时间，我开始试探他的价格，在来这儿的路上，我就听词作者给我介绍，他的要价一般在3万元左右。果然，他开口的价码就是3万。（卞庆奎《中国北漂艺人生存实录》）

（5）这件事对我的影响很大，但我仍然痴迷于表演。我自信凭我的实力和特有的气质，总有一天会被导演看中的。果然，临近毕业时，我渐渐地引起了某导演的注意。(卞庆奎《中国北漂艺人生存实录》)

第二，"果然"衔接的后一句的内容是对前一句内容的补充说明或解释。

（6）针对龚睿那输球，中国队当晚制订出对策。果然，张宁上场后敢于与对手打多拍，而且用高质量的高远球，牢牢地把张海丽控制在后场。(新华社 2004 年新闻报道)

（7）红色成为今天赛场的主色调，五星红旗满场飘扬。更为喜幸的是，中国女排今天也身着国旗色赛服。果然，近年来鲜见的一场女排经典大战上演了。(新华社 2004 年新闻报道)

（8）我跑到你那边，果然你在那儿等着我，一见到你我又紧张了起来，我坐下，低着头，出了一身的汗，两只手都不停地发抖，不敢看你，不肯说话。(暨南大学中介语语料库)

（9）听说她在学校｛贵校｝学了仅仅 20 周汉语后，就准备考博士，果然考上了，真了不起。(HSK 动态作文语料库)

第三，"果然"后不停顿，直接连接一个简短的结构，构成"果然 + VP/AP"，整体上仍然起衔接篇章的作用。

（10）刘基也不可能有求雨的法术。不过他懂得天文，可能观测到气象要发生变化，就借这个机会劝谏朱元璋平反冤案。果然不出几天，乌云密布，接着就下了一场透雨。刘基趁朱元璋高兴的时候，又劝他制定法律，依法办事，防止错杀无辜。(《中华上下五千年》)

（11）他认为，进城"租养"虽然要付一笔租金，但省下了运费，而且可以直销卖到最好的价钱。果然不到一年，他便比往年多挣了 2 万多元。(1995 年《人民日报》)

（12）现在庄稼被刮断了，冲走了，无牵无挂，是推广蔬菜大棚和养蟹的好机会。果然不错，几年没办到的事去年一下子办到了。全县蔬菜大棚猛增到 6 万亩，稻田养蟹达到 10 万亩。(1995年《人民日报》)

第四，"果然"经常与"不出所料"或"不出……所料"构成固定搭配，整体上衔接篇章。

（13）他一面邀请叶剑英、邓小平接见全体代表，一面高度警惕江青一伙想插手军队的企图。果然不出所料，江青先对军队代表团的工作人员示意：她要见见军队代表。工作人员向粟裕汇报，粟裕不予置理。(许虔东《粟裕在"文革"中（下）》)

（14）奥纳西斯谢绝了同事和朋友们善意的劝阻，一意孤行，果断地将这些船只全部买下。果然不出所料，神奇的机会来临了，经济危机过后，海运业的回升振兴居各行业前列。(《哈佛经理的谋略》)

（15）在大战爆发之前，巴顿将军曾日夜苦读隆美尔的一本军事论述，特别是其中有关装甲部队部署方式的部分。果然不出巴顿所料，隆美尔在作战中所采用的，正是其著作所提及的战术。(《哈佛经理谈判能力与技巧》)

留学生误用

第一，留学生经常在"果然"后不停顿，导致其在书面上的衔接功能体现得不够明显。

（1）果然在水桶里已经挑好了满满的水。(HSK 动态作文语料库)

（2）果然从有了这项公布以后，人们在公共场所吸烟越来越少了，人们也会自愿保持市容整洁。(暨南大学中介语语料库)

第二，"果然"与"果真、真的、的确"等混用。

（3）现在在世界上还有几亿人因缺少粮食而挨饿着呢，我们就追求绿色食品的态度，果然是多（对）的吗？(暨南大学中介语语

料库）

第三，句子前后矛盾，语义杂糅。

（4）据说黄河的水是黄色的，可是我却没想到 ta 的水，果然，是黄色的。（暨南大学中介语语料库）

（按："据说""可是""果然"三者的运用造成了杂糅，如果把"可是……"改成顺承关系，就衔接自然了。）

第四，"如果"与"果然"杂糅搭接。

（5）如果然在她朋友那过夜，我就跟她说以后不许那样，至少要跟我说好一声，这样我就可以锁好门。（暨南大学中介语语料库）

第五，"果然"与"虽然"相混。

（6）果然在中国学习已经一年了，但是在这儿什么都还没去过了。（暨南大学中介语语料库）

5.【还不是】

因果类衔接成分，属于作答并释因类，其后不停顿。作用可分为两类。

第一类：先回答对方的问题，然后说明这样回答的原因，就所述事实加以解释。常常以反问的形式出现，句末有"嘛"或"么"等语气词与之配合，以说明所述原因是显而易见的。这是最常见的用法。

（1）"邵丽你怎么了邵丽？是不是有哪儿不舒服？"邵丽一把拨开她的手说："没有没有，我好着哪。还不是为了能跟我们那位有共同语言嘛……"柳莺说："你们就有这样的共同语言啊？"（徐坤《狗日的足球》）

（2）赖和尚摸着光头说："强不强我不是光为自己。还不是考虑到你们不再受气！过去我跟着人家也能吃上'夜草'，你们呢？"（刘震云《故乡天下黄花》）

（3）我把这金豆子搞出来，还不是为了拿给你！（陈建功、赵

大年《皇城根》）

（4）人家把一腔热血洒在沙场上，为了什么，还不是为了他的国家？（老舍《残雾》）

（5）还不是为了儿女，牺牲她一个人，让儿女能在健康正常的环境中成长，有他们自己的前途，不至于因为家庭的破裂，儿女变成问题儿童，成为社会的败类。（HSK 动态作文语料库）

第二类，前面说明一个事实或提出一个问题，用"还不是"引导的句子对这个事实加以肯定，或对这个问题加以回答，下面对其目的做出进一步解释。

（6）……"采菊东篱下，悠悠见南山。"证明人在东篱，心向往南山。斜眼病。瞥南山，南山上又有什么呢。还不是瞥向仕途路上？连陶渊明、李白、杜甫、甚至屈原，都是这么样的一些"毛"，何况我辈莘莘学子呢？（梁晓声《表弟》）

（7）保育院也有不少孩子父母是高级干部，也没见谁当个宝似的。还不是交出来就不管了跟参军一样，随保育院怎么调教。这样风吹过雨打来的孩子将来才能屈能伸，坐得金銮殿……（王朔《看上去很美》）

6.【结果】

因果类衔接成分，表示由因致果和一般性的结果。多用于衔接语篇，一般不能连接复句。具体可分为以下几类。

第一，直接叙述由前面所说的事情导致的结果，"结果"后可有停顿，用逗号或语气词"呢"表提顿；也可以不停顿，使用频率非常高。

（1）一洒石灰，不是，到一定时候儿了，够了，他就让你洒灰，洒上石灰了再搁人，这样我这个爷爷呢就是这么死的。结果人家就给我们家就都封了，胡同儿也封上了，这就等着让他们处理。（1982 年北京话调查资料　金淑惠）

（2）各班的不要的，都收拢在他手下。他是特别年轻小伙子，他刚，他是初中毕业就当初中老师，留校啊。他画画儿好。结果呢，他第一回当主任把我们几个，都是各班不要的，就各班都不敢要，小学都介绍了，都收拢在这个班。结果我们，就我们年级打架厉害的全集中到我们班了。（1982 年北京话调查资料　金淑惠）

（3）我那会儿每天每个星期，至少去三、四趟，跟他一起复习。结果，帮他复习了几遍，没有一遍考上的，因此也没一遍复习完的。（1982 年北京话调查资料　柳家旺）

（4）我国一些饮料企业积极开发国产饮料，充分利用本地资源、原料生产新产品。结果，他们很快发展成为可以出口产品、并在国际市场可与外国饮料一争高低的有实力的集团，这是非常可喜的。（1995 年《人民日报》）

（5）主要新闻单位和市有关部门共同发起了由市民评选"上海市优秀社会服务工作者"的活动。市民们纷纷投徐虎的票。结果，徐虎获得了一等奖。（1996 年《人民日报》）

第二，不表示因果关系，而只表示一个结果，此结果并不是前文所说的事情导致的。这种用法中总括的意味较重。

（6）毛泽东自己则认为既然不能取得中央局的信任，就不赞成后一种办法。结果是会议通过了第一种办法，并批准毛泽东暂时请病假。（佚名）

（7）打得更好，没赢我也没有气馁。第一年我做的比想象中能做到的要多。我预测自己可以平均得 10 分，抢 6 个篮板。结果我平均得 13.5 分，8.2 个篮板。（姚明《我的世界我的梦》）

第三，结果 + 动词：这类直接衔接某种实验、调查、行为的结果，总括意味重，衔接作用明显。

（8）此后，莫斯科医学科学院专家将这 7 人的治疗情况与吸食海洛因等毒品的戒毒者进行了对比。结果发现，普通的戒毒者在停止吸食毒品后，会出现 1 到 2 次的毒瘾发作；而有美沙酮毒瘾的戒毒者却会出现 2 到 4 次。（新华社 2004 年新闻报道）

（9）该项有关资讯科技在住户和工商业使用情况和普及程度的调查，由香港特区政府统计处于 2003 年进行。结果表明，2003 年全港约 148 万个住户家中置有个人电脑，占全港住户的 67.5%。（新华社 2004 年新闻报道）

第四，表示推论性因果关系，即由前面的事实推导出后面的结论。

（10）有人说，女娲从矿石中炼出金属，制造器物工具，弥补了天然物质的不足，所以被后人传为炼石补天。结果，女娲补天又被解释为原始冶金的发明和应用。（《中国儿童百科全书》）

（11）当时，人们提出了一大堆问题，但在最初的几天里联合碳化物公司的管理人员并不可能马上找到答案。结果，不少记者在新闻稿里就开始猜测有关事故的原因、工厂安全系统的设计情况、致命化学品在人口密集地区。（《哈佛经理公关艺术》）

留学生误用

将"已然"与"未然"相混。"结果"所表结果都是已然的，用于叙述已经发生的事情，不能用于"未然"的或假设的结论。

病了就老大推老二，老二推老三，结果不饿死了娘，病死了爹才是怪事。（HSK 动态作文语料库）

7.【看来】

因果类衔接成分，表示推论性因果。由前文所述的事实推测后面的结论。使用中有两种情况。

第一，"看来"后有停顿，语气舒缓，"看来"衔接的结论与前面事实结合较为松散，口语色彩较重。

（1）谈了一年的女朋友就这样分手了，我真是想不明白，那些

刻骨铭心的山盟海誓，怎么会禁不起这么点风浪。看来，所有的誓言都是靠不住的。（卞庆奎《中国北漂艺人生存实录》）

（2）我倒是早就知道有个清华来着，我就没敢报考，因为我知道，报了也是"找死"，我已经没有一点信心了。看来，我的"专业"在北京是没有用武之地了，确切地说，是我的文凭太低、资历太浅了。（卞庆奎《中国北漂艺人生存实录》）

（3）看来，为百万家境贫寒的未来劳动者雪中送炭的"希望工程"尚未完成历史任务，为包括千万受过大专以上教育的知识分子在内的劳动者大军锦上添花的希望工程还远未启动。（1995年《人民日报》）

（4）在北京国际剧院的演出中，场场满座，门外居然聚集着求票者，看来，他们在中演娱乐公司的合作下，演出经纪首先就作得很漂亮。（1995年《人民日报》）

第二，"看来"还经常构成"由此看来""从/由……看来""在……看来"等结构，表示做出以下推论的根据或主体，这时书面语色彩加重。

（5）由此看来，王府井大街是否保留王府井新华书店，决不是多一个书店或少一个书店的问题，而是一个带有导向性的问题。（1994年《人民日报》）

（6）由此看来，普通人中也有不普通的故事，也有闪闪发光的故事，关键在于去发现，去采撷，去宣传。（1995年《人民日报》）

（7）她曾经连续三年指导大连市国际服装节开幕式，在她看来，这3年，也许正是中国服饰文化逐步走向成熟的时期，因此，她将这部闪耀华夏服饰文化的历史记录下来，展现给今人和后人。（1995年《人民日报》）

第三，"看来"后没有停顿，与前面的话结合紧密，语气急促，推论意味较重。

（8）《隋书·经籍志》谓："元始天尊，生于太元之先，禀自然之气，冲虚凝远，莫知其极……天尊之体，常存不灭。"看来也是"道"的神化。（阴法鲁、许树安《中国古代文化史》）

（9）最后他以 9.812 分的高分，雄居男子自由体操项目榜首。看来"宝刀尚未老，奋发可争先"。（1995 年《人民日报》）

（10）首脑会议开幕之前，下午五点，美国总统克林顿一下飞机，就与日本首相村山富市举行了会晤，由于日本面临参院选举，美国明年举行总统选举，再加上共和党在国会起主导作用，因此，美日双方立场都非常强硬，互不示弱，看来"汽车战"难以在六月二十八日前结束。（1995 年《人民日报》）

（11）交了 300 元，随即赶回房间，估计要大战一场才会"收工"。"玉面杀手"张玉宁也加入了电脑游戏"战斗队"。看来他也是此中高手，身后聚集了一群围观者。（新华社 2004 年新闻报道）

留学生误用

"看来"和"看起来"混用。"看来"表推测，属于语篇衔接成分，"看起来"也可表推测，但一般是插入主谓语之间，表示外表的状况，同"看上去"用法接近，不属于语篇衔接成分。下面 3 例都是错误的。

（1）那时候，我眼里头，妈妈的一生看来没有趣味。（暨南大学中介语语料库）

（2）代沟，这两个字，看来是简单的字或者很简单的事，如果像这试卷上的情况下，是很难忘的一件事。（暨南大学中介语语料库）

（3）她个子很高，有着亮晶晶的眼睛，看来很聪明。（暨南大学中介语语料库）

8.【说到底】

第一，因果类衔接成分，表示由果释因类语篇关系。前面说明一件事实或一个推断，"说到底"后面的话用来解释前面的事实产生的原因或前面的推断的理由。

（1）由此我们也就可以理解，海德格尔、德里达为什么要生造许多离奇古怪的文字符号和怪词。说到底，他们的用意无非是要把语言带入不断的自我否定中……（《读书》）

（2）这一来说明首都读书人的文化层次相对较高；二来，说到底，这还是因为中国的历史积淀太深厚，有了一点文化就无法不去读历史。（1993年《人民日报》）

（3）说到底，是锦州市委、市政府的行动感动了两个"上帝"：中科院的专家们和锦州市的职工。（1993年《人民日报》）

第二，承接类衔接成分，其后的成分用一句话对前面的话加以总结。强调结论的深刻性和唯一性。

（4）有效生产的前提是有效投入。简而言之，就是怎样用最少的投入取得最大、最快的经济效益。说到底，这也就是投资结构是否合理的问题。（1994年《人民日报》）

（5）可顾客不买，就意味着目的落空，服务员心中难免不快，反映在脸上自然是"晴转多云"。说到底，决定服务员脸色变化的是一个"财"字。（1996年《人民日报》）

（6）出了县府大门，他就把马老五拉到一边嘀咕了半天。他首先晓以利害。吴仲荣说，老五啊，国家兴亡，匹夫有责。说到底，咱可都是中国人。这事不比其他，无论如何，咱都要对得住良心，对得住家乡父老，不能让人在背后戳咱脊梁骨。（季宇《县长朱四与高田事件》）

9.【说到头】

第一，因果类衔接成分，前文叙述一种情况或一种事实，用"说到头"引出前面情况或事实产生的根本原因，强调事情的根源。与"说到底"的第一种用法相同。

（1）"这如今得了这个病，把我那要强的心一分也没了……"那确是真心话！可她心里越来越明白，这样的处境，说到头，还不是因为老祖宗他们，把自己当作了个天大的赌注吗？（刘心武《秦可卿之死》）

第二，承接类衔接成分，表示对前面所做叙述的概括与总结，得出唯一的结论。与"说到底"的第一种用法相同。

（2）他的女儿则是个生活放荡不羁的女人，可是也没有暗杀这位老贵妇人的理由。其它的嫌疑犯也都证据不足。说到头，真正的杀人犯决不会是外人，只是终局如何，斯诺只是留下一个最后出人意料的揭晓而已。（《读书》）

辨析

"说到底"与"说到头"意义用法比较一致，但前者使用频率很高，后者使用频率较低。

10.【所以说】

因果类衔接成分，属于由因推果类衔接成分，表示推论性因果联系。与"所以"相比，它不是说明客观存在的因果关系，而是根据上文所说的话推断结果应当是如何的，并带有一定的总结作用。

"所以说"是最直接、明确地表达推论关系的语篇衔接成分，直接表达说话人的推断，比"看来、这么说"等肯定性强，不宜用"看来"等替换，其后可以停顿，也可不停顿。口语色彩很强。

（1）咱们这家庭一个呢我这儿婆婆呢，N 倒是咱们牛街的人，但是呢我这个婆婆，N 姑姑，姑奶奶都给的是哈德门。所以说呢，他们呢也没母亲，都在那儿长起来的，所以跟这边儿就不习惯不像这样儿。（1982 年北京话调查资料　金淑惠）

（2）现在这个奖金一般的平时来讲就那么七八块钱，十来块钱，平均起来，他这年节比较多一些，加上加班费什么的，他到逢年过节他必须得忙，糕点行业的吧，所以说年节有加班费，都算上，奖金比较多，平时一般的，不太多，哈。（1982 年北京话调查资料 郭荣胜）

（3）父亲不过呢他可能说，因为我小，他跟我说这，我不懂啊，他不跟我说了，哎，即便他说了现在呢我也早就忘了，就知道每，每天早晨嘿，我说在哪儿，东单那儿呢，整天那么穷，早晨就知道打粥去，什么捡煤去，干这个，啊。所以说，N，这个，家里边那些人家，到我那辈儿什么家规啊，到我父亲那辈儿什么都没有家规。（1982 年北京话调查资料 慈秀清）

（4）科学实验证明，一般人较熟悉的剧毒物，如砒霜、氰化物、农药、蛇毒等，都不与银直接发生化学反应，所以说，银没有验毒本领。(《中国儿童百科全书》)

（5）所以说，我说再弄下去我非成精神病不可。（王朔《许爷》）

辨析

"所以说"与"所以"不同。"所以"主要表达客观因果关系，"所以说"主要表达推论因果关系，这是引语标记"说"起作用的结果。

留学生误用

"所以"和"所以说"混用。如：

（1）所以说我认为两个人必须相处很久，对彼此都了解，知道他的个性、人品、喜欢吃什么、不喜欢吃什么，这样以后结婚生活起来比较容易。（HSK 动态作文语料库）

（2）所以说"代沟"这问题是两辈都努力的话可以解决。（HSK 动态作文语料库）

（3）他的态度并不是错的，只是跟我们的不一样 { 的 }，所以

说"差异",所以说从父母身上,孩子们会学会几乎所有的习惯,有好也有坏。(HSK 动态作文语料库)

11.【这么说】

因果类衔接成分,属于由因推果类。它是根据别人所说的事情推断结果或结论。"这么说"后面常常有停顿,句子节奏舒缓;也可以没有停顿,句子节奏紧凑。有以下几种用法。

第一,前面说明一个情况,后面根据前面的情况进行推论,事实和结论用"这么说"来衔接。这种用法有"猜测"的意味,所以句子里常常出现"莫非"等表示猜测的语气副词。

(1)他曾保证要做到比哪一棵橡树都坚强,在任何风暴中都不弯腰。这么说,这些莫非都只是漂亮话,只是诗的夸张,而不是他从青年时代起便诚心诚意地极力追求的理想?(《读书》)

(2)她的感人,是因为在平常的生活中一切都按着最好的准则去做,并尽一切力量帮助别人,使别人过得好。这么说,我只要像她一样的生活,就也能变得和她一样美好而高尚吗?发现了这一点,我曾是多么高兴啊。(《读书》)

(3)话头一转,使故事得到了一个出人意外的结局:"可是不管他们怎样拼命想把基督教推翻,它可还是屹然不动……。这么说,你们的宗教确是比其他的宗教更其真诚神圣。"因此他竟下了决心,到教堂去接受基督教的洗礼了。(《读书》)

(4)胖护士哄好了李小兰。哄得那么巧妙那么慈爱。胖护士的职责是把门叫号,没人会因为她多做了工作而多给奖金。这么说还是有人在认真干事,还是有人在为他人着想呵!(池莉《太阳出世》)

第二,构成固定结构"这么说吧",后有停顿。"这么说吧"后面的内容是对前面内容的进一步解释和说明,强调后面的内容很重要。"这么说吧"用祈使语气使句子的语力有所加强。

（5）有形的待遇无形的待遇是数不清楚的。这么说吧，段莉娜从小长大，就没有觉得衣食住行是个需得自己操心的问题，人与人之间，只有段莉娜他们给白眼于别人。（池莉《来来往往》）

（6）你可能得出每4个人中有一个在随股海沉浮，也许可能是每3个甚至2个中就有一个，这随你所处的位置而定。这么说吧，投资意识较强的广州人，现在无时无刻不生活在股票的氛围中。（陈道《广州股民》）

（7）传说终归是传说，这么说吧，这里72平方公里的天下，石头山就占了70平方公里，不要说树，就是草也很难生。（1994年《人民日报》）

第三，"这么说"复指前面的内容，同时进一步申说。

（8）不言而喻，老年该是隆冬了。非也！我偏要说，老年是人生的金秋——大好的丰收季节。这么说，绝非有意抬杠，而是有理好讲。（1995年《人民日报》）

（9）但我得承认那配以野香菜、野山葰的麂肉"刹生"，那鲜嫩辛辣的独特滋味我毕生再没尝过。这么说，绝无提倡回到原始之意。我只觉得，在我们所谓的"烹调艺术"中，那雕呀，刻呀，拼呀……得花去多少钱！（《读者》（合订本））

12.【这么一来 / 这样一来】

因果类衔接成分，表示由因致果的语篇关系。一般不能连接复句，只用于篇章衔接。其中"这么""这样"回指上文提及的事件，"一来"的"来"没有实际意义，类似于"代动词"，指代前面所说的动作、行为。后头的话段多表示顺理成章、自然出现的结果。比之"这下"，它们更凸显上句的致果作用。"这么一来"的口语色彩很浓，在北京口语中使用频率高于"这样一来"。从语义来看，这两个衔接成分也多倾向于衔接说话人认为不如意的结果，但这一点没有强制性。

（1）这么一来那十个男人有十个男人先酥了。（电视剧《编辑部的故事·谁是谁非（上）》）

（2）这么一来，大家可受了惊，受了委屈，受了损失。（老舍《龙须沟》）

（3）这样一来呢，就等于是又多了一个十五万。（电视剧《北京人在纽约》）

（4）这样一来，连她的丈夫也不好意思叫她了，于是她除了"大嫂""妈妈"等应得的称呼外，便成了"小顺儿的妈"；小顺儿是她的小男孩。（老舍《四世同堂》）

（5）每天都担心今天拿什么来买吃，明天拿什么来买吃，这样一来两个人会常常吵架，严重还会离婚。（暨南大学中介语语料库）

留学生误用

第一，将"这样"和"这样一来"混用。"这样"是前面叙述一个事实，然后用"这样"回指这个事实，陈述"如果这么做"就会有什么结果，可以作定语、状语等。而"这样一来"则说明由前面的事实导致某种结果，是说明性因果关系，它的独立性强，一般不充当句法成分。

（1）我喜欢听印尼流行歌曲，也喜欢听国语歌曲、福建歌、英文歌，等等，偶儿也会到朋友家去唱卡拉OK，这样一来（这样）能使我忘了一切烦恼，也可以和朋友聊聊天，开开玩笑，半天的时间就这么渐渐过了。（HSK动态作文语料库）

（2）考试也有可能考得不怎么样，我听说如果你的心情不太好，肯定你会考不好，所有美好的回忆都放在一张CD片，这样一来（这样），我永远不Hui忘记每个人的脸。（暨南大学中介语语料库）

（3）其实在那时我身在国外，天天都是想家想孩子的，有了这

样一来（这样）的歌声来解闷，也是一个免得想家的一个好办法。（暨南大学中介语语料库）

（4）今天我总是这样一来（这样）自豪地说……接下去是说到中国幅员辽阔，历史悠久，兄弟众多，反映出中国人的勤劳淳朴，欢乐祥和等的美好生活素质等等。（暨南大学中介语语料库）

（5）本人目前是一间航空公司的职员，对旅游也非常感兴趣，因此希望找一份自己感兴趣的工作，相信这样一来（这样），做起事来也会事半功倍。（暨南大学中介语语料库）

第二，"这么一来（这样一来）"和"所以"误用。前者用于叙事的句子，表示前句所述的事实导致了后面的结果，后者则是说明句，说明前后句子之间单纯的因果关系。因果关系的原因或结果之间，可以相距很远，可以是一个事件、一个现象、一个道理，从具体到抽象，总之是各种各样的，可以说无所不包。而"这么一来（这样一来）"表示的那个导致某种结果的原因，只是一个事件、行为，比较具体。因此，"这么一来（这样一来）"中"这么"有回指作用，在不需要回指的语境中，也只能用"所以"。

（6）那里我当经理的秘书，在这期间我又认识一位在一家合资企业工作的外国人，他肯教我英语，这么一来（所以）我们每个星期见面，对话。因为二十多年我天天听她的话长大的，这么一来（所以）我的口气不可能跟她完全不同。（暨南大学中介语语料库）

（7）因为中国有悠久的历史，这么一来（所以）有丰富的名胜古迹。（暨南大学中介语语料库）

（8）许多的父母希望孩子上大学，这么一来（所以），找工作、生孩子的时期越来越晚。（暨南大学中介语语料库）

13.【这样看来】

因果类衔接成分，表示推论因果。与"看来"用法基本一样。它所衔接的语篇，前面的推论部分通常是说明性的，因而"结果"部分推论的意味更重，书面语色彩较强。"这样看来"后一般要停顿，结果与说明的部分结构松散，语气舒缓。

（1）如《小乘经》说观音是妙庄王的第三个女儿。宋代僧人也有用"金蕑茜裙"等语言来描写观音的服饰。这样看来，观音又是个女的。因此，宋代以后的观音像大都是女相。（《中国儿童百科全书》）

（2）书也是文化，是有一定的针对性和现实意义的。西谚有云："书比人长寿。"文化是永远的，读书也不会是短暂的。这样看来，文化与读书也将是一个永恒的文明主题。（1995年《人民日报》）

（3）这样看来，《牡丹亭》述说的虽是青年男女的爱情故事，但并不限于爱情，也不限于青年男女，它的含义要广泛得多，深刻得多。（《读书》）

（4）这样看来实现完全普及"绿色食品"是很难的。（HSK动态作文语料库）

辨析

"这样看来"与"这么看来"，都表示推论因果关系，后者使用的频率大大低于前者，口语色彩重。

（1）写它的时候，真是苦不堪言，几乎每个字都要思索很久，足见他是"字斟句酌，不轻易放过一个字去"。这么看来，"年岁越大，文字就越严整"真成了规律。（《读者》（合订本））

（2）她欣喜地睁大了眼睛。这么看来，他的研究生，有门啦。她如释重负地想。愿我们大家都顺利，都成功吧。她高兴地向徐华北伸出手来告别。（张承志《北方的河》）

14.【这样说来／这么说来】

因果类衔接成分，表示由因推果的语篇关系。衔接的前一句或前几句是说明或描述，后面是根据前面的说明或描述得出推测性的结论。这一结论有"追述"的含义。"这样说来"后常常有停顿。

（1）没事的时候，大顺店经常到这河里来洗澡。大顺店没事儿的时候多，因此说，她大约每天，都要在胭脂河里泡一回。这样说来，那天我们在黄河边上碰见大顺店，并非偶然。（高建群《大顺店》）

（2）十年以至更长的时间，我们的财政税收工作要做什么？我们要做的无非还是要积极地推进公共财政框架构建的过程。这样说来，就说明公共财政同我们的经济社会生活，同现实生活当中的你、我、他，我们每一个人的密切关系。（高培勇《中国公共财政建设》）

（3）这样说来，我的师傅还真不少，但令我肃然起敬，值得我尊敬和回忆的是一位老采煤工。（1995年《人民日报》）

（4）就算他等了一年，那也不能证明他就能等两年；他等了两年，也不能证明他就能等一辈子。这样说来，恐怕只有让他等一辈子才能证明他能等一辈子。（艾米《山楂树之恋》）

"这么说来"的意义和作用与"这样说来"相同，口语色彩略重于后者。它也是在前文说明、描写的基础上对结果做出推断。

（5）第五届"中国新闻奖"的获奖篇目，科技新闻寥若晨星。究其原因，记者说科技新闻难写；编者说科技新闻难编。这么说来，读者说科技新闻难看也就并不奇怪了。（1995年《人民日报》）

（6）欢欣和痛苦培育成的，正是这种不美满使青年莎士比亚浪迹伦敦，否则他要在斯特拉福当一辈子风趣优雅的小乡绅。这么说来，他的妻子也功不可没，当然应该纪念。（阿超《在莎翁故乡读莎翁》）

第十三章

承接类语篇衔接成分释例

本章提要：承接类语篇衔接成分，主要是从内容上、语气上接续上文，引起下文。承接类衔接成分往往有总结上文和本人观点的作用，因此也就有提醒读者或对方注意的功能。常用于复句内分句之间，同时可用于连接对话和篇章。如：对了，可以说，应该说，不管怎么说，平心而论，要知道，实不相瞒。这类成分的共同特点是语法化程度不很高，有的从结构上只能算是短语。下文按照音序，分组释例。

关键词：承接关系　衔接成分　释例

1.【不管怎么说】

承接类衔接成分，表示条件与结果之间的衔接关系：结果不会因条件而发生改变。往往带有总结的作用。表示无论前面所说的情况如何，其结果或结论都是一样的。有时结果与条件之间存在转折关系，所以"不管怎么说"前面可带表转折的词语"但"之类。

（1）他们也许暂时忽略了建立这个理论的初衷，也就是摆脱玻尔和海森堡的哥本哈根解释……那可是最彻底的实证主义！不管怎么说，在这上面的态度是有些尴尬的，而有关量子力学的大辩论也仍在进行之中。（《上帝掷骰子吗——量子物理史话》）

（2）玛雅人是从别的大陆来到这里的，后来又回到自己的故土去了。有人甚至猜测玛雅人与中国人在远古时本是一家……不管怎么说，灿烂的玛雅文化神奇一般的消失，在人类文明史册上留下了一个巨大的问号。(《中国儿童百科全书》)

（3）《红楼梦》的整体结构及其意义何在，或许还会有许多解释。但不管怎么说，曹雪芹以佛学感悟世界的方式来结构《红楼梦》的可能性远比以现实主义文艺理论来结构的可能性大得多。(钱宁《红楼幻境梦几重》)

（4）反正不管怎么说吧，只要是我慎重做出的决定，我都不会轻易为之后悔，即使偶有悔意，我也会及时做一些调整……(卞庆奎《中国北漂艺人生存实录》)

2.【对了】

承接类语篇衔接成分，表示在听了对方的话或自己说了某句话以后，突然想起了新的事情，接着将该事情说出来。使用中有几种情况。

第一，在连续的话语中引出另一个有关的话题，或提出一个新问题，有提醒注意的作用。

（1）发现院墙内有一件大衣，因为天黑看不清是什么颜色。陈胜看了看说："这件大衣我好像在哪里见过，是绿色发黄的。对了，好像有一个小伙子穿过这种大衣，在这座楼周围转悠过……"于是两人又一起去派出所报告了新情况。(彭子强、慈爱民《六与十七》)

（2）因为这个香菜的刀改的不是很细，就要饺子皮厚一点，大一点了，这就是我妈的蒸饺为什么都特大的原因哦。对了，要是谁家有洋山芋粉的话，和面的时候加点，那饺子蒸出来就是透明的，呵呵，更棒。(《菜谱集锦》)

（3）每到春节前三四十天的光景，我和老伴儿就张罗起来。忙着跑花市选购水仙头，忙着搬出水仙盆洗刷干净。对了，还有石

子，都是我从海滨一颗颗拣来的，也忙着加以冲洗，那些小精灵一见水，都像活了似的。（1995年《人民日报》）

（4）对不起，我只是在想什么时候也能像你们一样快乐地工作。对了，你们这么成功，一定还有其他什么秘诀吧？（经典管理书籍《鱼》）

（5）我很喜欢你这样的"年轻人"，看见你就让我想起自己刚到北京那阵子。好啦，我们去喝酒去吧。对了，你请还是我请？（卞庆奎《中国北漂艺人生存实录》）

第二，用"对了"接入一个新话题，这个话题与上文或对方的话没有直接关系。

（6）哼，你妈也太有用了，其实也赚不了几个钱，还不如你奶奶赚得多呐。对了，小丹丹，你不是想要那小轮盘的自行车吗，等你再长大一点，后年……不，明年。（陆文夫《小巷人物志》）

（7）梁局长叹道：你们总是找麻烦。我去试试，可不一定行。你也别抱太大希望。对了，那车有信了吗？（谈歌《大厂》）

第三，对上文所说的事情加以肯定，然后做出解释。

（8）车马，也全不是白的，便是黑的。大概全穿着孝呢？而且老有一条条的黑道儿，似乎是下雨了，可是人们全没打伞。对了，电影中的雨。当然也是影儿，可以不打伞的。（老舍《小坡的生日》）

（9）可以看出，这两道题难以界定其属于何种题目。对了，这就是考查的目的：一是要看知识面，二是要看思维能力、反应能力和表达能力。有时题目本身是不重要的。（《MBA宝典》）

（10）不光挣了钱，入了党，还提了干，分到了房子。瞧，俺一家都从农村转过来了。俺家孩子已入附近的重点小学学习。对了，像俺这样的还有五六户呐！（1994年《人民日报》）

（11）随你的便吧，什么时候想听都可以。不过，我更喜爱摄影。对了，是摄影，而不是照相！（《宋氏家族全传》）

3.【简单地说】

承接类衔接成分，主要用来总结前文。前文说明一种情况，用"简单地说"引出对前文内容的概括。在对话中一般用于对本人观点的概括、总结。

（1）这种分化也制约了消费需求的扩大。简单地说，就是有钱的人不用花钱，想花钱的人没有钱。（1998年《人民日报》）

（2）脊背靠脊背，职工在自己厂店里检举，资本家在市里交代不法行为，简单地说，就叫背靠背。（周而复《上海的早晨》）

"简单地说"还常用于用最易懂、最简单的话语来解释一个概念或交代事情的来龙去脉。

（3）什么是非居民？简单地说，在中国境内没有住所，以及没有住满365天的外籍人员，则为非居民。（1994年《市场报》）

（4）"信息高速公路"，简单地说，就是将音频数据、视频等多媒体业务通过光缆使千家万户不受时间、空间的限制。（1994年《市场报》）

有时候，"简单地说"还可以充当祈使句，要求对方简明、直截了当地提出自己的要求或看法。

（5）他用铅笔敲着大班桌，含着讥笑说："简单地说，你需要钱。要多少？"（池莉《来来往往》）

4.【可以说】

承接类衔接成分，主要用来引出概括性的判断。对上文的内容用洗练或形象的语言进行总结或判断，其后是一个结论。前面还可带上"我们"，说成"我们可以说"，使得表达比较委婉，且突出了主观性。

（1）今年9月份到来年5月份期间，将在珲春召开世界性招商会议，落实 100 个重点开发项目，可以说，以珲春为中心的图们江下游地区开发已进入实质性运作阶段。（1994 年《报刊精选》）

（2）夏其安总经理充满信心地告诉记者：可以说，没有"好华"这段故事，也不会有"龙图"今天的新思路。（1994 年《报刊精选》）

（3）我们现在每天都接到要求租房的电话，最多的时候，一天十几个，可以说，我们这儿现在是最热的部门。（1994 年《报刊精选》）

"可以说"还可以表示对上文的内容换一种说法，加以概括。或者在因果关系的语篇中表示原因与结果的前后衔接，这时，它往往与"或许、也、因此"等连用：

（4）语言的意义如此复杂，我们应该从中得出一些什么结论呢？或许可以说，语言是表达思想、进行交际的最重要的工具，但又是一种难以尽意的工具，不少时候都会留下意思上的空白。（CWAC\ALT0049）

（5）因此，经济的增长并不是完全遵循经济规律的，也可以说，有一部分增长是虚假的、不健康的。（1994 年《报刊精选》）

（6）我问她，为什么要等到退休以后才做这件事。她说，艺术品不是生活必需品。也可以说，它是奢侈品。社会上有能力购买和享受艺术品的人是少数，她不能指望靠开艺术品店赚钱来过生活。（《从普通女孩到银行家》）

为了强调下面的话比前文的意思要更近一层，还可以在前面用上"甚至"等表递进关系的衔接词语。

（7）我认为，现在无论受多大的苦，都算不了什么，甚至可以说，现在受苦越多，将来尝到的"甜"就越多。（卞庆奎《中国北漂艺人生存实录》）

（8）发生在小岗村的，那确实是一次了不起的革命。甚至可以说，它的深刻性比一九四九年那次解放也毫不逊色，因为这次解放的对手不是敌人，而是自己！（《中国农民调查》）

5.【你知道吗 / 你知道吧】

承接类衔接成分，位置灵活，可以放在句中、句首、句尾。

第一，接续前文，引出一个事实，这个事实同前文的事情有时间上的先后关系。

（1）犄角旮旯的词呀，有时候哪那么快就想起来了，我们俩聊天，现在不行，你怎么，你怎么说也不灵，现在。你知道吗，你给录音机搁的屋里头，这一家子都回来了，他不知道有录音机，该说什么说什么，这录的这真的。（1982 年北京话调查资料　张国才）

（2）啊，就是那什么，（沈三儿）他就是天津人上这捧场来，捧场呢后来呢，他，他绝了人家了。你知道吗，后来，得，人就回去练功夫，第二年临死时候连个棺材都没有一辈子。（1982 年北京话调查资料　陈志强）

（3）郭德纲：大伙告诉我的，现场有朋友说，你知道吗？今天有三个人骑自行车从北京来看你演出。我听完很感动，觉得实在是无以为报。（《鲁豫有约·开心果》）

（4）怎么不同意，人家学校都给你保证考上重点高中，家长就觉得吃点苦值得。那个时候我是我们班挨打最多的。但是你知道吗，结果到了第二年再考的时候，全班只有两个没考上，一个就是我，另外一个我认为他有轻微的智力问题。（《鲁豫有约·男角》）

第二，在口语中，"你知道吗"有时是插入语，实际上还是在语气上起连贯作用的。

（5）梁冬：我见到大部分的老师，都说本质就是阴阳失调。这话也没错你知道吗？也直达本质。（《梁冬对话曲黎敏》）

（6）好多北京的土话，地方语言，外地不懂。N，哎，串面，串面，什么叫串面呢？他不懂，就是发面，你知道吗？串面，发面，把面发了，发了以后，你给串上面，蒸馒头。（问：我们叫揣）啊，揣面，我们这儿叫串面，啊，揣面，串面。捵面，你知道吗？这个外地人恐怕也不知道，捵面是怎么回事，啊，就是捵条儿，捵面条儿。（1982年北京话调查资料　侯崇忠）

（7）可是我那腹肌是因为完全没有脂肪的腹肌，是凹进去的那种。然后那个盆骨，你知道吗，两个盆骨好清楚的，因为我以前干武行的时候我是很壮的。（《鲁豫有约·王杰》）

第三，将"你知道吗"位于语篇开始，造成设问句，自问自答，引起下文。

（8）你知道吗？我写起文章来可以很长时间不出屋的。我的最高纪录是5个半月不下楼，每天从一个洞洞里把饭给我递进来……（《李敖对话录》）

第四，"你知道吗"也可位于语篇末尾，起强调前文，追问对方的作用。

（9）知道。好难过，然后突然间，这个很多大牌的作者，小说的作者，也很愿意去帮我写书，我就奇怪这些干什么了，你知道吗。结果，后来那时候，也试过在家里昏倒过好几次。（《鲁豫有约·王杰》）

（10）你的前妻长什么样子，可是却是又拼凑不起来的，那种感觉是很痛苦的。你没有试过，你不会明白，你不会体会，你知道吗？（《鲁豫有约·王杰》）

6.【平心而论】

承接类衔接成分，连接自己或他人的话，用自认为客观、公正的态度对事情做出评价，或对前文所说的观点进行概括。属于承接关系中语气承接的小类。

（1）二姐宋庆龄还弥留人世之时，去北京和二姐见上一面，可是当她提笔给北京去信时，却又拒绝了中国政府的邀请。平心而论，这又何尝不是政治意识冲突下牺牲了亲情的人间悲剧呢！（《宋氏家族全传》）

（2）这作为一种艰难的选择，使近代以来的读书人一面投入时代生活的潮流，一面努力想守住学术和思想的领域。平心而论，这不容易。蔡元培说自己是个理想主义者，在某种意义上他守住了"不弃不执"的理想……（《读书》）

（3）过去对上海意见较多的人现在也说，平心而论，上海人在谈判桌上比较认真，不习惯敷衍取巧，而是靠真本事吃饭。（1994年《人民日报》）

（4）提到丈夫的工作时，她曾充满着感情说："他有思想，有技术，有能力，平心而论，应该提拔，他是因为我才压在了车间里。不过，他理解我。"（1995年《人民日报》）

"平心而论"有时连接的是转折关系的句子，所以又可同"但"等连用。

（5）虽然与广东比北京的商业服务差距不小，但平心而论，这些年进步还不小。特别是拿北京的商业性服务与行政部门的服务比的话，感觉更明显。（1998年《人民日报》）

（6）作为普通读者，买一套《诗海》的确有些吃力，但平心而论，《诗海》称得上是一分钱一分货，童叟无欺。（《读书》）

7.【实不相瞒】

承接类衔接成分，在对话中，主要目的是表明自己将要说的话是真实的，以吸引听话人的注意。在小说的人物对话中使用较多。

（1）看了你那封刊登在《人民日报》上的信，我心中有一种说不出的滋味。实不相瞒，我也曾有过类似的经历。一个自尊心很强的人，因意外事故而身残之后，对周围人们的言行特别敏感。（1995年《人民日报》）

（2）"我家公子倘若晓得仔，定规要骂我怠慢了客人。"崔百泉见她不肯，疑心更甚，笑道："实不相瞒，我们是想听听姑娘在软鞭上弹曲的绝技。我们是粗人，这位段公子却是琴棋书画，样样都精的。"（金庸《天龙八部》）

（3）"同志呀，你别听那些人瞎说呀！那时候我怕羊蛋儿他爹跟我不愿意呀，所以才说孩子是饿死后丢掉的呀！实不相瞒，我在电视上都见过羊蛋儿的影像了，跟他哥长得差不多呀！"老太婆说着，命孙子取出一张照片，递给了吕主任。（孙方友《认亲》）

（4）郭襄笑道："你倒挺瞧得起我。"无色道："你瞧我把话扯到哪里去啦。实不相瞒，这张纸笺，是在罗汉堂上降龙罗汉佛像的手中取下来的。"（金庸《倚天屠龙记》）

（5）李鸣斋是"勤行"，知道蒙吃蒙喝得跟人家说好的："这位大哥，实不相瞒，我也是干你们这行的——在北京同福楼跑堂儿。这次是到太原府投亲，没想到亲戚死了，我穷困潦倒，盘缠全花光啦。"（《中国传统相声大全》）

8.【说了半天】

承接类衔接成分，常用于对话中。在对话中，表示对方已经说了好多，现在要求对方用简明的话说出最终的结论或明确的意图，或用"说了半天"来衔接对对方话语的评价。

（1）"说了半天，还不都是为了小辈儿的事儿！唉……"杨妈深深地叹了口气。（陈建功、赵大年《皇城根》）

（2）说了半天，你到底最欢喜吃什么菜？（陆文夫《人之于味》）

（3）"小爷叔，"古应春笑了，"说了半天，到底什么事肯做不肯做？"（高阳《红顶商人胡雪岩》）

值得注意的是，"说了半天"又是个动宾短语，"半天"是时间宾语，充当句子的谓语。

（4）"不知道。"电话铃响了，在黑暗中很震耳，我拿起话筒递给汪若海，他耳朵紧贴着话筒不作声。电话里有一个人说了半天，汪若海说："我去不了。"电话里的人又说了半天，他连连说"不是"。然后稍停，冷漠地说："在。"对方立即挂上了电话，汪若海则又举了会话筒才慢慢挂上。（王朔《玩儿的就是心跳》）

（5）他们讨论着以后的生活问题，说了半天，还是没有办法。（曾卓《小鲁滨逊的一天》）

（6）我有点博士卖驴的意味了，说了半天，还没有谈到主题。（《读书》）

9.【说真的】

承接类衔接成分，着重在语气上表示上下文之间的承接关系。强调所述内容的真实性，口语色彩重。有时可与"其实"连用。

（1）不知怎地，这首歌像长了翅膀，没多久，大街上、学校里、部队里到处都在传唱着。说真的，当时，我也没有想到这首歌的生命力有这么强，因为当时只是将一个兵埋藏在心中的话语谱写成了歌。（1994年《报刊精选》）

（2）你在信中说，我的诗曾经引起你的共鸣，这就使我感到很大的欣慰了，因为我相信你的诚挚，也信任你的审美能力。说真的，这使我得到了鼓舞。（曾卓《文学长短录》）

（3）"我可成不了那号精。说真的，"晶晶说，"将来你要真成了个肥胖的百万富翁，我要饭要到你门口，你可不能装作不认识。"（王朔《浮出海面》）

（4）说真的，我们这样做，不是什么绝招，就是人们常常挂在嘴头的那句话："薄利多销。"（1994年《报刊精选》）

10.【说真格的】

承接类衔接成分，从语气上承接对方的话或上文，强调自己或下文所说的是真话，值得听话者考虑，以引起对方的注意，口语色彩和主观性很强。

（1）他一下子犹豫起来，用手揉着秃脑门。说真格的，这样野心勃勃的打算，甭想办到。（老舍《鼓书艺人》）

（2）这以后我才明白为什么他老是要求我吹《秋叶》。于是，说真格的，我开始喜欢上这小子了。（《廊桥遗梦》）

（3）这时候有个邻居过来问我干什么，我告诉了他，邻居说他十天以前死了。说真格的，我听了以后心里可难过了，现在还难过。（《廊桥遗梦》）

（4）崔二月诡秘地喷喷嘴说："咦，说真格的，秀英姐你男人没信了一两年了，你就那么老老实实地旱着？"（电视剧《历史的天空》）

（5）"我们连筋带皮全剁了馅能蒸几屉包子？""说真格的，"农民企业家说，"出多少钱我倒不在乎，大不了就是这几年白干了。"（王朔《千万别把我当人》）

11.【我告诉你】

承接类衔接成分，插入连续的语篇中，引入说话者意欲强调的内容，提示听话人下面的话值得重视，还可警告甚至威胁对方。语气很强，经常有咄咄逼人的意味。

（1）喏，我日常打工的那条街上，中国女人衣着可时髦啦！出入当然是进口车——我告诉你，不是什么日本车，清一色欧洲名牌！她们呀，上超级市场都穿戴得珠光宝气。（《读者》（合订本））

（2）"这又怎么？"她说道，语气还是那样咄咄逼人。"我告诉你，压根儿就没这个人。"她做了个无可奈何的手势，似乎她自己也不明白为什么没有这个人。"但是我希望有他……"（《读者》（合订本））

（3）李高令说："大姐，如果你哪天得到消息，说我李高令自杀了，我告诉你，就是因为有个雷锋车背在身上。"（《读者》（合订本））

（4）如果你就是为了要问我这件事，就三更半夜的闯到我这里来，那么我告诉你，不管你是谁，你恐怕都很难再完完整整的走出去。（古龙《陆小凤传奇》）

（5）经商，决不是咱李家的门风啊！不过，你可以去一次日本，但是我绝对反对你将来走经商这条路！我告诉你，孩子，如果你仍然执迷不悟，如果你真要经什么商的话，那么，我就没有你这个儿子了！（窦应泰《李嘉诚家族传》）

12.【我说呢】

承接类衔接成分，从语气上承接对方的话或上文，引出对某件事的说明，表达恍然大悟、原来如此的语气和神态。

（1）"就这儿。"我们俩都有些不明白。小刘伸着脑袋张望了一下，拍大腿："我说呢，从山下看，'太行山'号正好叫'松花江'号挡住了。"（陆颖墨《锚地》）

（2）"凭你这点儿微末功夫，也配做我主人的师父？前天晚上松树林中，连绊你八跤的那个蒙面人，便是我二姊了，我说呢，你的功夫实在稀松平常。"虚竹暗暗叫苦："糟糕，糟糕！她们连我师父也戏弄了。"（金庸《天龙八部》）

（3）饭店的英文名字——原来这个"瑞尔威"洋名来自"Railway"（火车道）的直接音译，哈！北京真牛。我说呢，从来

没有听说国际上有这个连锁的饭店。(杨恒均博客)

(4) 李都站在那里,摸摸后脑勺,精细掺拌地自言自语道:"我说呢,有钱有貌的一主,怎么老打光棍?这就对了!我做好事儿了!"(李可《杜拉拉升职记》)

在句首引起下文,强调自己的话的真实性和重要性,引起对方的注意,具有较强的口语色彩和主观性。有时同"因此"等连用。

(5) 周芷若嫣然一笑,道:"只怕到了那时候,你又手下容情哩。"谢逊道:"我说呢,拣日不如撞日,咱们江湖豪杰,还管他甚么婆婆妈妈的繁文缛节,你小俩口不如今日便拜堂成亲罢。"(金庸《倚天屠龙记》)

(6) 等到从美国回来,第一顿早餐,丈母娘便买回一大摞油条,一口气吃了4根,边吃边说:"我说呢,还是我们中国的油条好吃!"(2000年《人民日报》)

(7) 这就是我们说,都城是个文化中心在教育方面的一个反映。因此我说呢,都城考古应该说在揭示中国古代文化上,有着特殊重要意义。(刘庆柱《解读中国古代都城(下)》)

13.【要知道】

承接类衔接成分,在前文讲述一段话后,用"要知道"强调后面的话是对前文所述事情发生的情由的重要说明或解释。属于语气上表承接关系的衔接成分。

(1) 因此,我希望家长们不要把孩子出去工作等同于打工赚钱。要知道,在工作岗位上,他们可以学到许多在家里和课堂上学不到的东西。(《从普通女孩到银行家》)

(2) "很生气,什么都不肯吃。"说到这里,杜又埋怨道,"蒋总司令结婚后太忙了,应该给夫人安排一下可靠的保护。要知道,在上海这样一个危险的城市,这确实太大意了。宋先生是否麻烦来

一趟，对这件意外的事做出妥善安排呀？"（《宋氏家族全传》）

（3）强调依照传统的那一套武技，只可以在武馆内耀武扬威，而在实战中毫无用处。要知道，对手不会像师兄弟般让你先对峙观察，然后策动攻防。对手也不会如对拆演练或打沙包一样，给你蓄势运劲时间。（张小蛇《李小龙的功夫人生》）

（4）刘诗昆：有一天，我换了一个牢房。要知道，那里绝对都是单人囚室，四面是与世隔绝的。（《鲁豫有约·沉》）

（5）我没有让他们失望，他们的预言很快就得到了验证：10多岁后，我便成了我所在的学校里长得最好看的小姑娘——要知道，我们那所小学有600多名学生，光是女生就占了一多半。（卞庆奎《中国北漂艺人生存实录》）

从来源或形成过程看，"要知道"是从充当谓语的用法逐渐语法化为语篇衔接成分的，它本是助动词"要"带宾语"知道"构成的动宾短语，在句子中作谓语，它用来构成祈使句，前面经常有主语"你、大家"等。

（6）罗大伦：这时候有了。但是，大家要知道，许叔微当年在父母去世，他行医之后，他立下一个大志，发大愿。什么大愿呢？他要一辈子看病，不收患者的钱。（《梁冬对话罗大伦》）

（7）曲黎敏：你不可以改变它。实际上我们现在就经常讲，就是老子的无为思想的时候，大家一定要知道，什么叫无为？无为，真的是无所作为吗？不是！无为指的就是天。（《梁冬对话曲黎敏》）

（8）当他通过了考试，他高兴得不得了，像个小孩。我觉得他比我们打败湖人的那个晚上还高兴。你要知道，他是个靠不住的司机。我还是不敢肯定，他是否知道所有标志的意思，或者一个红灯是什么意思。（姚明《我的世界我的梦》）

从构成祈使句，表达实在的使令意义，到在语篇中起衔接作用，表达语气上的"使令意义",即"从行域进入言域"。从功能上讲是功能泛化,从形成机制看是典型的语用推理过程。

14.【应该说】

承接类衔接成分,带有总结的意味。上文叙述一个事实或说明一个道理,用"应该说"引出下文的概括性的结论。

（1）朋友是人生最宝贵的财富。环境是影响孩子行为的重要因素。应该说,我周围的朋友和他们的孩子对女儿的成长影响很大。(《从普通女孩到银行家》)

（2）担忧女儿这种双重性格会影响她在金融投资业的发展。观察了一段时间以后,我才发现这种双重性格的可贵之处。应该说,严肃认真地对待工作,活泼快乐地对待生活,同时享受工作和生活的乐趣,这才构成完整的人生。(《从普通女孩到银行家》)

（3）可是,有的人并不这样认为,在他们的心目中,资金、设备比人才的地位高得多。应该说,这是一种有待纠正的旧观念。(《技术贸易实务》)

（4）他说,这里位置非常之好,西边紧靠著名的紫禁城、天安门广场,东临繁华的东单,南抵长安大道,应该说,是个理想的旅游购物场所。(1994年《报刊精选》)

有时,"应该说"强调下面说出的是正确的结论,带有纠正某种说法或观点的作用,所以又有一定的转折性,甚至可以和"其实""但是"等连用。

（5）杨澜:其实应该说,陈家洛的身上也反映了您当时在年轻时代书生时代很多的理想在他的身上。(《杨澜对话热点人物:杨澜访谈录》)

（6）尽管俱乐部的宗旨不以婚姻为导向,但是应该说,来俱乐部90%以上的会员还是希冀寻到意中人、组建家庭的。(1994年

《报刊精选》）

15.【怎么说呢】

承接类衔接成分，上文提出一种情况，用"怎么说呢"引导出对这一情况的解释或据此得出的结论。在对话中，被问到的一方如果认为某个问题不太好直说，可以用"怎么说呢"起到委婉的语用效果。修辞学上，这种手段可以归入"设问"类辞格。

（1）同学中有勤工俭学在外打工的，有现在就用专业知识搞技术开发的，当然更多的是把时间用在图书馆里的。怎么说呢，21世纪的人应该勤奋、敏感、有激情、内心丰富、有很强的适应能力。（2000年《人民日报》）

（2）十五岁时候儿是住在天津，也是一直在天津呢，所以这点儿音呢也不，也不是太纯正北京音。另外呢就是说，哦，怎么说呢，在我们那时候就已经，虽然家庭还是老家庭，但是已经对于说话儿说话啦，习惯啦，就是不是那么严格的。（1982年北京话调查资料　查奎垣）

（3）到另一处住宅区，在电梯入口处现场询问情况。"大爷，您住几层？""十层。""这里电梯运行状况如何？""怎么说呢，三二天它就闹毛病，害得我这么大岁数还得爬楼梯。"（1994年《市场报》）

有时，"怎么说呢"还可以插入句子中间，仍然起缓和语气的作用。

（4）不好总归是大人不好，她就主动前来领受教诲。那几个沉默了一刻，他们没想到传说中风流的女演员竟然是这样，怎么说呢，这样的泼辣，她抽烟的姿势就像一个潇洒的男人。（王安忆《逃之夭夭》）

（5）接下去我就听到了钟声，洪爷说是从皇宫传来的。我没想到皇宫的钟声会是这样的，怎么说呢，那很像宣告末日来临的钟

声。(残雪《残雪自选集》)

（6）后来到清代了，到清代的时候呢，就跟那个旗人哪，就变成这个。为什么呢，就是这个国家的这个，怎么说呢，就是变成国家的，变成管国家的库了。那么变成管库了，后来叫"库冯"。管库以后呢，就吃俸禄了。因为清朝的时候就给他吃俸禄。那么吃俸禄的话呢，这个家庭吃俸禄以后就不像以前那样子。(1982年北京话调查资料 冯振)

第十四章

逆转类语篇衔接成分释例

本章提要：逆转类语篇衔接成分，许多是表转折关系的关联词语，常用于复句内分句之间，同时可用于连接对话和篇章。如：但是，然而，否则，要不，反之，相反，这类成分的共同特点是语法化程度较高，用法多样。另一些成分则只能用于语篇衔接，如"如果不是这样""话是这么说""话虽这么说""话又说回来""不成想"等。它们的共同特点是语法化程度低，大多只在口语或口语性强的篇章中使用。下文按照音序，分组释例。

关键词：逆转关系　衔接成分　释例

1.【不成想】

逆转类衔接成分。上文表示预测的情况，下文表示实际发生的情况与原来的预测相反，有"出乎意料"的意思。口语色彩较浓。

（1）十几年前，刘大为赴外地写生时，带回几株竹苗，随手种在窗前的绿地上，不成想，来年春天，生笋吐绿，生机勃勃。几年过去，已是绿翠满窗，遮荫蔽雨，故将画室取名"竹轩精舍"。（1998年《人民日报》）

（2）不成想，到任才一年多，就遇到努尔哈赤攻破抚顺城。他已连续两次催促张承荫总兵去出兵援助，仍未行动。（李文澄《努

尔哈赤》)

2.【反之】

从前后文对立的角度看,"反之"属于逆转类衔接成分,但若从前后句的句法地位的角度看,"反之"连接的是属于并列关系的两句话,因此有人将其归入"并列类衔接成分"。"反之"说明或叙述与前一种情况相反的情况,其后可以引出叙述相反情况的语句,也可以直接引出相反的结果。语篇中,如果两种对立的情况先后出现,宜用"反之"衔接。

(1)所以,信为诸善之首、成功之母。反之,疑而不信,你还肯去做吗?就是勉强去做,也是顾虑重重、畏首畏尾。(《佛法修正心要》)

(2)比例与人体所需要的比例接近时,才能有效地合成人体的组织蛋白,反之则会影响食物中蛋白质的利用。(《大话养生》)

(3)一个资历深,但实际业绩很差的哈佛经理,会使员工大失所望,仍然会失去员工的敬重。反之,一个资历浅,但业绩中表现非常佳的哈佛经理,最终会得到员工的依赖与敬重。(《哈佛管理培训系列全集》)

(4)有的专家形容自己的研究工作说,"要吃顿饺子,自己得从养猪做起"。为什么?主要是缺少助手。这叫大材小用。反之,也有小材大用的,小学未毕业教小学,中学未毕业教中学比比皆是。形成这种情况,与教育结构失调有相当关系。(《技术贸易实务》)

3.【否则】

逆转类衔接成分。在邢福义先生的复句三分系统中,称作"假转类"复句关系。"否则"总是隐含着一个否定性假设,强调如果不按前文所说的意思去做,会导致何种结果。属于强势逆转关系的衔接成分。

（1）作为一位新时代的画家，其作品应该有新时代的风格和特征，否则，必然会在历史的长河中失掉自我。（1994年《报刊精选》）

（2）每月月初、每年的正月，尤其每年正月的第一天都有很多的禁忌。《抱朴子》说，每月初一这一天不能哭泣，否则，司掌寿命的神会减去他的寿数。（阴法鲁、许树安《中国古代文化史》）

（3）在历史调查中，必须坚持科学的态度和方法，否则不仅不能推动历史研究的深入，反而有损于历史认识的正确性。（北京大学CCL语料库）

（4）"大爷"也叫足了，他才让我们进去，不过又限制不许超过一小时。还说如果再有人来，我们就得赶快出去，否则别人也要进来就没办法了。（北京大学CCL语料库）

4.【话是这么说/话虽这么说】

逆转类衔接成分。在对话中，貌似同意对方的话，实际上后面提出的是与之对立的观点，常常用"话是这么说……可"配合使用。转折关系的表达比较委婉，口语色彩很浓。

（1）"这一片老户谁不认识他呀，这要是搬家呀，拉煤什么的，要用排子车，您去雇车就提金受申，他们绝不敢多收钱。"话是这么说，他可没提不收我的酒钱。（邓友梅《印象中的金受申》）

（2）慈禧见到这个罪状，大怒，"这个家伙太可恶，离开我们的眼皮就反了！真得宰了他。"话是这么说，慈禧可不想真这么办，她毕竟舍不得。谁知，恭王与东太后密商后，马上传旨山东，按照老佛爷的意旨办。（贾英华《夜叙宫廷秘闻》）

（3）金枝如果有意把那事说出来，他张全义又怎么能拦得住？话是这么说，这事摊到谁的头上，谁都得跟张全义似的，六神无主，恨不得死死看住了金枝那张嘴才好。（陈建功、赵大年《皇

城根》）

（4）"稍微尝一下，店里珍藏的好东西，吃了点东西垫底，不会容易醉的。"话是这么说，但宋墨自己都觉得心虚。（《非诚勿扰》）

也可说成"话虽这么说"，这时，衔接成分的让步意义得到凸显，口语色彩轻于"话是这么说"。而且前面还可再出现表转折的连词"不过"之类。"话是这么说"前面一般不出现转折连词。

（5）江父一惊，酒醒了一半，怒道："她又出啥事儿了？哎呀，她可害死我了！我再也不想管她了，随她去吧……"话虽这么说，可他还是匆匆向绣楼跑去。（电视剧《乔家大院》）

（6）只用简短的一句话回答了记者的提问："今天的比赛非常紧张，我们面对的中国队拥有很强的实力。"话虽这么说，但看得出他对结果有点儿不满意。（1996年《人民日报》）

（7）"不冲着金牌，我去亚特兰大干什么呢？"黄志红依然是雄心勃勃。不过，话虽这么说，要夺金牌简直太难了。（1996年《人民日报》）

5.【话又说回来】

逆转类衔接成分，上文表示肯定或否定的意见（自己的或他人的），用"话又说回来"加以转折，回过头来说出相反的意思，在一定程度上对原来的意见做某种补充甚至肯定。往往表达出反复思考、斟酌拿捏的过程。前后转折的意味较重，因此经常同"可是""但是"等连用。陈建功在《"京味儿"三品》中说："北京人爱把事情颠来倒去地想，替人家找辙，替自己宽心。'话又说回来'就是这找辙的证明。"很形象地说明了这个衔接成分的用法。

（1）我的太太Angie，那以前我没听说过他。我们不是表亲，Angie和姚明才是。她跟姚明妈妈是远房亲戚。话又说回来，只要

你愿意的话，谁都可以称为表亲，是不是？事实上，我跟姚明互称表兄弟另有原因。（姚明《我的世界我的梦》）

（2）人嘛，总有他生活中必要的一些需求和情趣，一家人老不在一起，这个家算不上一个完整的家。但话又说回来，自古忠孝两难全。我们团常年分散施工，有时两点间最远距离5200公里……（1996年《人民日报》）

（3）还是养奶牛吧！十里八乡包括县城还没有人卖牛奶呢。她又到县城观察了一趟，觉得这条路行。可话又说回来，买一头奶牛需要几千元，凭她自家境况绝对拿不出那些钱。她找来孩子的旧作业本，连夜赶制了上千公斤的"奶票"。（1996年《人民日报》）

（4）环顾了一下四周，她压低声颇为诡秘地说："这事不给老板知道。话又说回来，我干活儿又不吊儿郎当，他凭个啥子不雇哟！跟你说吧，我到北京来已经是第三站哩！"（1994年《报刊精选》）

有时候，"话又说回来"表示的转折比较轻微，其后的篇章往往又包含让步关系，可以加上"即使……也"类关联词语（如例（5）（6））；有时，"话又说回来"又表示承接性的衔接，其后的篇章对它前面的话有总结的意味（如例（7））。

（5）你们说，我往哪去找你们呀！话又说回来，就是知道你们在那里，也不敢叫回来呀！回来还有命么？你们杀了那么多鬼子。（知侠《铁道游击队》）

（6）许多村民兴奋地说："我们自己选的当家人，我们信得过。话又说回来，万一他不称职，我们还可以撤掉他！"（2000年《人民日报》）

（7）凡事儿往重了看，丢了粒芝麻也能让人大惊小怪，凡事儿往轻了看，失火失盗也能看作破财消灾。话又说回来，这烦恼无大

小，就看您怎么想。(《给老爸老妈的 100 个长寿秘诀》)

6.【然而】

逆转类衔接成分，既可用于复句，也可用于语篇。主要作用是凸显对话双方或上下句（文）之间的逆转关系。与前文的内容"逆向而行"。从句法关系上看，前句和后句之间属于转折关系，而不是并列关系。因此，其用法与"反之"完全不同，不可换用。

（1）知道我要做一部电视剧的配角，马晓军自然很兴奋，他抱着一大捧鲜花专程跑到电影学院向我祝贺。然而，我们都高兴得太早了点，电视剧开拍在即，我却突然被告知因为剧情需要剪掉了我演的那段戏。(卞庆奎《中国北漂艺人生存实录》)

（2）常言道："谈虎变色"，"望虎生畏"。在人们心目中，老虎一直是危险而凶狠的动物。然而，在正常情况下东北虎一般不轻易伤害人畜，反而是捕捉破坏森林的野猪、狍子的神猎手，而且还是恶狼的死对头。(《中国儿童百科全书》)

（3）很快就出现了"卖粮难"，而且冒出了许许多多"万元户"。一时间，中国的农民好像已经富得流油了。然而，以后不久，随着城市改革的不断深入，我们就很少再听到有关中国农业、农村和农民的消息了。(《中国农民调查》)

（4）相识时，彼此以交心或交流的方式是最理想的，然而，"君子之交淡如水"，对于初相识的异性朋友我们也要保持一定的距离，以示对彼此的尊重及保证自身的安全。(HSK 动态作文语料库)

7.【如果不是这样】

逆转类衔接成分，表示假转类语篇关系，相当于"否则"。即用假设的方式，引出不按照前文的情况去做就会产生的结果，书面语色彩较浓。

（1）作为中国的文化人，必须十分珍惜自己的文化传统，重视并继承自己的文化传统。如果不是这样，就会失去自身的根本，并且脱离人民大众。（1995年《人民日报》）

（2）伟大人物的作用，正在于他代表了广大人民群众的利益和愿望，团结先进的人们，站在革命运动的前头指导这个运动。如果不是这样，伟大人物就不成其为伟大。（《读书》）

（3）遗憾的是，一个人逐渐取得经验时，却失去了青春。如果不是这样，生活该是多么美好。（《读者》（合订本））

（4）白音宝力格已经到了骑马的年龄。白音宝力格是好孩子，是神给她的男孩，所以神应该记着给白音宝力格一匹好马。如果不是这样，有谁见过骒马在风雪中产驹冻死，而一口奶没吃的马驹子反而能从山坡上走下来，躲到蒙古包门口呢？（张承志《黑骏马》）

8.【说来也怪】

逆转类衔接成分，表达说话者"诧异"的神态。前文说明一种情况，"说来也怪"引出与前面的情况相反的情况，而这种情况的出现是不合常理或与作者的预料相反的。可以同"但是、可是"等连用。

（1）因为他知道如果继续这样毫无成果地在意大利逗留，就等于浪费金钱。本来，再过两天就有飞往香港的机票，可是说来也怪，就在李嘉诚等候购买回程机票的时候，他在购票窗口见到了一张招工广告……（窦应泰《李嘉诚家族传》）

（2）张万镇已是大老板，他们的一切都应该是豪华气派的，张万镇麾下有几个亿，他什么享受得不到！他何必苦自己！说来也怪，偏偏他的"抠"却换来了大宗买卖。（1996年《人民日报》）

（3）就在这次舞蹈之后，他俩才有了第一次的约会。但是说来也怪，在约会时他俩并没有像上次一起跳舞时那么炽烈多情。（武泠溪《爱心似火的斯威兹夫妇》）

有时候，"说来也怪"并不表示逆转关系，仅仅表示说话者诧异的语气。前后篇章之间是顺承关系。

（4）素心如简，素简如心，直到这会儿，女儿和我心的驿道豁然而通。说来也怪，怅怅的心绪经此回溯，竟然也如潮落，渐渐平复了。(1998年《人民日报》)

（5）范公亭不仅是一座亭子而已，而是一处古风习习的院落。除亭而外，还有一些建筑设施。说来也怪，一进此院，便觉置身于千年老院氛围之中，这究竟是因知范公历史而产生的先入为主的感觉？（1995年《人民日报》)

（6）那位女同学可能缺乏耐心，或许有其他原因不愿去辅导，只有我硬着头皮去完成老师交代的任务。说来也怪，只要我辅导她，做个示范动作，她心领神会，做得很好。(2000年《人民日报》)

（7）保长死了后，二丫受了惊吓，疯了，那口塘也被村里人叫作了"保长塘"。说来也怪，那口塘里的老鲇儿真像是附上了保长的灵魂，只要有女人到水塘边洗菜、洗衣服，它就要游过来调戏……（《故事会》)

9.【问题是】

逆转类衔接成分，表示让转类语篇关系。即先姑且承认对方或上文所说的是事实，然后用"问题是"引出与这个事实相背离的问题，引起对方注意，紧接着进一步解释所述事情的不合理性或存在的弊端，引起思考。"问题是"后面可以有停顿，节奏舒缓；也可以没有停顿，语气紧凑。

（1）合理的修改和更动总是朝着最终目标前进了一步。我们不能只是从消极的方面，简单地拒绝一切合理的变更。问题是如何进行控制和管理，选择那些变更是合理的，变更的理由是充分的，变

更的做法也是可行的。（郑人杰《实用软件工程》）

（2）必须指出，无论在理论界或文艺界，主流还是好的或比较好的，搞精神污染的人只是少数。问题是对这少数人的错误言行缺乏有力的批评和必要的制止措施。（《邓小平文选·第三卷》）

（3）我们知道所做的事情对自己有害，但是通常由于害怕与无知，总有这样的倾向，也就是想遮蔽自己的知觉。问题是，看到对自己所做的事情，你承受得了吗？（《哈佛经理职业素质》）

（4）有人认为我现在贪财，这大概是受了大众传播媒体有意丑化我的影响。问题是什么叫贪财，贪财的定义由谁来定？（《李敖对话录》）

（5）横越山坡大约200米之后，我不得不再度止步——我从来没有见过的紧贴着岩壁的庞大雪槽出现在我面前。问题是，它贴得究竟有多紧？如果它在我的身体重压下塌陷，整条雪槽就垮掉，连我也一起带走。（《读者》（合订本））

参考文献

陈望道　1979　《修辞学发凡》，上海教育出版社。

崔仁健　1985　《现代汉语句群》，延边教育出版社。

邓守信　2009　《对外汉语教学语法》，台湾文鹤出版有限公司。

刘永华　高建平　2007　《汉语口语中的话语标记"别说"》，《语言与翻译（汉文版）》第 2 期。

韩　蕾　刘　焱　2007　《话语标记"别说"》，《宁夏大学学报（人文社会科学版）》第 4 期。

侯瑞芬　2009　《"别说"与"别提"》，《中国语文》第 2 期。

黄国文编著　1988　《语篇分析概要》，湖南教育出版社。

金晓艳　彭　爽　2005a　《后时连接成分辨析》，《解放军外国语学院学报》第 4 期。

金晓艳　彭　爽　2005b　《汉语篇章中后时连接成分的隐现》，《世界汉语教学》第 4 期。

金晓艳　2006　《后时连接成分的连用与合用》，《汉语学习》第 2 期。

兰宾汉　邢向东主编　2007　《现代汉语》，中华书局。

李秉震　张全生　2012　《"说到"的话语功能分析》，《语言研究》第 4 期。

李英哲等编著　1990　《实用汉语参考语法》，北京语言学院出版社。

李宗江　2007　《"这下"的篇章功能》，《世界汉语教学》第 4 期。

廖秋忠 1986 《现代汉语篇章中的连接成分》,《中国语文》第 6 期,载《廖秋忠文集》,北京语言学院出版社,1992 年。

刘勋宁 1988 《现代汉语词尾"了"的语法意义》,《中国语文》第 5 期。

刘勋宁 1998 《现代汉语研究》,北京语言文化大学出版社。

刘月华 潘文娱 故 骅 2006 《实用现代汉语语法》,商务印书馆。

卢卫中 2011 《语言象似性研究综述》,《外语教学与研究》第 6 期。

鲁健骥 1999 《对外汉语教学思考集》,北京语言文化大学出版社。

陆俭明 2003 《现代汉语语法研究教程》,北京大学出版社。

罗春红 2008 《现代汉语语篇中总结连接成分的语用功能》,《现代语文》第 12 期。

吕必松 1993 《对外汉语教学研究》,北京语言学院出版社。

吕叔湘 1982 [1942—1944]《中国文法要略》,商务印书馆。

吕叔湘主编 1999 《现代汉语八百词》(增订本),商务印书馆。

彭小川 2004 《关于对外汉语语篇教学的新思考》,《汉语学习》第 2 期。

屈承熹 1991 《汉语副词的篇章功能》,《语言教学与研究》第 2 期。

屈承熹 1999 《简易华语语法》,世界华语文教育学会编辑,国立编译馆主编,台湾五南图书出版公司。

屈承熹 2010 《汉语功能篇章语法》,台湾文鹤出版有限公司。

沈家煊 1993 《句法的象似性问题》,《外语教学与研究》第 1 期。

沈家煊 1995 《"有界"与"无界"》,《中国语文》第 5 期。

盛 炎 1990 《语言教学原理》,重庆出版社。

唐 宁 2005 《"幸亏"的功能与篇章分析》,《四川教育学院学报》第 7 期。

王魁京 1998 《第二语言学习理论研究》,北京师范大学出版社。

王希杰　1983　《汉语修辞学》，北京出版社。

邢福义　1985　《复句与关系词语》，黑龙江人民出版社。

邢福义　2001　《汉语复句研究》，商务印书馆。

邢　欣　白水振　2008　《语篇衔接语的关联功能及语法化——以部分感观动词语法化构成的衔接语为例》，《汉语学习》第 3 期。

杨同用　徐德宽　2007　《汉语篇章中的时间表现形式研究》，语文出版社。

郑贵友　2002　《汉语篇章语言学》，外文出版社。

郑颐寿　林承璋主编　1987　《新编修辞学》，鹭江出版社。

周　健　彭小川　张　军　2004　《汉语教学法研修教程》，人民教育出版社。

周利芳　2002a　《谈对外汉语副词教学中的语境利用》，《语言教学与研究》第 3 期。

周利芳　2002b　《对外汉语精读课教学中的语体观和语境观》，《天津外国语学院学报》第 3 期。

周利芳　2005　《汉语口语中表肯定、否定的话段衔接成分》，《语言教学与研究》第 5 期。

周利芳　2008　《汉语口语中表因果关系的话段衔接成分及其教学》，《暨南大学华文学院学报》第 2 期。

周利芳　邢向东　2009　《论汉语中表承接关系的话段衔接成分》，载蔡昌卓主编《多维视野下的对外汉语教学研究——第七届国际汉语教学学术研讨会论文集》，广西师大出版社。

朱德熙　2004　《语法讲义》，商务印书馆。

本书语料来源

一、语料库及留学生作文

北京大学 CCL 语料库。

北京语言大学 HSK 动态作文语料库，北京语言大学科研处，简称"HSK 动态作文语料库"。

暨南大学中介语语料库。

1982 年北京话调查资料。

陕西师范大学国际汉学院留学生口头作文录音。

西安外国语大学汉学院留学生作业、考试卷，简称"西外"。

二、对外汉语教材

初级汉语课本（第二版），原北京语言学院来华留学生三系编，北京语言文化大学出版社、华语教学出版社联合出版，2000 年。

高级汉语口语（上），祖人植、任雪梅编著，北京大学出版社 1999 年，简称"高汉上"。

汉语口语教程（高级·A 种本，下），陈光磊主编，北京语言文化大学出版社 2000 年，简称"汉高下"。

汉语口语教程（中级·A 种本，上），陈光磊主编，北京语言文化大学出版社 2000 年，简称"汉中上"。

三、相声和访谈

《侯宝林相声选》，人民文学出版社 1980 年，简称"侯"。

《焦点访谈·百姓卷》，中国政法大学出版社 1999 年，简称"焦点访谈"。

《马季相声选》，四川人民出版社 1980 年，简称"马"。

《杨振华表演相声精品集》，文化艺术出版社 2004 年，简称"杨"。

四、报刊

1994 年《报刊精选》。

1993 年、1994 年、1995 年、1996 年、1998 年、2000 年《人民日报》。

新华社 2001 年、2002 年、2003 年、2004 年新闻报道。

《读书》（合订本）。

1994 年《市场报》。

《百家讲坛》。

五、作家作品、电视连续剧剧本（略）

后　记

我从 2000 年起从事对外汉语教学与研究，一晃已有二十余年。这二十多年，除了完成繁重的教学任务，还要培养孩子，照顾丈夫邢向东的生活，并帮他做一些研究的辅助工作。成天忙忙碌碌，自己搞研究的时间和精力就少，所以专业上进步不快。但我始终没有停止对读书、教学中发现的有关问题的思考，也写了一些文章。文章发表后竟然有一些反响，其中一篇的引用率还达到了 140。2012 年，我成功申报教育部人文社科项目，就本学科十分重要而尚未全面开展研究的"语篇衔接成分"进行考察。在完成项目的过程中，自己对汉语教学与研究的认识又有了进一步的提升。现在将项目成果出版，算是对二十多年来思考、研究的一个阶段性的总结。

本书中贯彻了我一贯的专业理念：对外汉语教师必须重视汉语本体知识，将本体研究和汉语教学相结合，强调篇章和语境的教学。不少人以为，在对外汉语教学中，教学法是最重要的，因而在教学中只强调方法，忽视了汉语本体知识的系统学习，忽视了对汉语特点和规律的系统认识。因此，有些人一味在各种方法上下功夫，而不去钻研汉语知识，懒于观察到底哪些东西是外国人学习汉语时真正感到困难的。在这种理念指导下的汉语教学，往往是花样繁多，干货不足，学生收获寥寥，学习和教学效果打了折扣。我对这种观点和做法持反对意见。因此，本书力求体现扎实有效、目标明确的研究理念和教学理念，力求研究成果对提高教学水平有所助益。

基于以上认识，本书在以下几个方面作了努力。

第一，以语篇衔接成分为主要考察对象，以汉语教学为基本视角。语篇衔接成分，又有学者称之为"话语标记"，是在连续的话语或对话中承担上递下接任务的成分。我们听人说话是否连贯，对话是否顺畅，很大程度上是取决于衔接成分使用得如何。衔接得好，则前呼后应，珠圆玉润；衔接得不好，则行文滞涩，前言不搭后语。有的人聊天，一句话就能把天"聊死"。其实就是他在跟人对话时，不善于使用恰当的衔接手段，或有意识地使用了不恰当的衔接方式。话语分析理论讲"合作原则"，有的内容也涉及衔接问题。因此，语篇衔接手段的研究，不论对于本体还是应用，都是十分重要的话题。中国人——尤其是表达能力强的人，对汉语语篇衔接成分大都能运用自如，习焉不察。中国的小孩子学说话，可以自然地学会衔接手段。但外国人学习汉语时，语篇衔接成分往往成为难点，而且这个难点同时也是教学的盲点。外国学生常常是单个的句子都会说，但句子和句子却连不起来。或者你说上句，他不能自然地接入下句。我在对外汉语教学实践中，强烈地意识到了这一点。于是选择以教学为视角，系统考察现代汉语的语篇衔接成分。语料的选择也适当照顾到留学生的教材和作业。需要强调的是，衔接成分不仅包括大家都比较关注的"这下、可是、其实"之类语法化程度很高的成分，而且包括"这样一来、这样看来、这么说、不管怎么说"之类词汇化、语法化程度较低、口语色彩更浓的成分。全书从宏观到微观，从整体到个别，对衔接成分进行系统的考察，力求在现代汉语语法、语用研究中独树一帜，做出自己的特色。

第二，在语篇衔接成分的分类上有所突破。中国古人在谈论写作、修辞时，内容经常涉及篇章问题，此不赘述。而汉语语法研究中也早就有了篇章衔接的思想。如吕叔湘先生在《中国文法要略》的"表达论:

关系"部分已大量涉及汉语句子、篇章的连贯、衔接问题，吕先生把表达中的关系概括为"离合·向背、异同·高下、同时·先后、释因·纪效、架设·推论、擒纵·衬托"等六类，包含了篇章中的所有关系。（吕叔湘 1982［1942—1944］）吕先生的分类不仅细致，而且同时关注到逻辑关联和语气连贯。廖秋忠《现代汉语篇章中的连接成分》（廖秋忠 1986）是从篇章语言学出发对汉语书面语的篇章连接成分所作的第一次系统考察。他将汉语的篇章连接成分分为时间关系连接成分、逻辑关系连接成分两大类，时间关系连接成分分为序列时间、先后时间两个次类，逻辑关系连接成分则分为顺接、逆接、转接 3 个次类，各次类都包含若干个更小的类。

　　大家都说汉语语法的特点之一是重"意合"不重"形式"，这个"意合"应当包括语义之密合，逻辑之通达，语气之顺畅。因此，给语篇衔接关系、衔接手段分类，必须兼顾语义、逻辑和语气，才能划分妥帖。不过，以往的研究主要是以书面语为对象，因此未能突破复句关系的范围，基本上还是将复句关系扩展到语篇关系。本书在第一层次上将语篇衔接成分分为"肯定、否定""因果""承接""逆转"四类。其中"肯定、否定类"完全是从上下句或对话双方的语气衔接入手的，该类的确立是建立在口语对话的基础上。我们知道，在对话中，甲、乙双方（或三方以上）话轮转换、衔接的重要手段，就是首先对对方的话加以肯定或否定，然后再正面表达本人的意思。因此，表肯定、否定的一系列词语，也就成为语篇衔接成分中十分重要、不可或缺的部分，本书将它列为四类衔接成分之首。

　　在语篇衔接成分下位类型的划分中，本书力求将口语和书面语并重、兼顾逻辑和语气的精神贯彻到底。如将"承接类语篇衔接成分"分为 3 个小类：①以时间承接为主，②以话题承接为主，③以语气承接为主。其中"时间承接为主"与复句中的连贯关系相近，而"话题承接""语气承接"则完全是从口语对话的分析中划分出来的，是以往的分类中没有出现的。由此体现我们对口语的重视，对汉语教学实际的重视。希望这个分类体系能给汉语的语篇衔接成分研究乃至篇章功能语法研究带来新的课题，能对汉语教学产生积极的影响。

第三，重视语境和语体。对外汉语教师应当充分利用和培养自己的语感，而语感最重要的其实是对语境和语体的领悟、感知能力。一些教师在讲解词语的用法时，习惯于从语义出发进行辨析，学生听起来可能很模糊，不容易明白。如果能够从语体和语境出发，直截了当地指出："这个词多在书面语中使用，那个词多在口语中使用。""这个词能跟××、××词搭配，不能跟××、××词搭配。"（当然，实际情况并非如此简单。）效果可能会更好些。留学生最怕的是老师说"这是汉语的习惯"，最喜欢的就是这种简洁有力、一语中的的回答。在有关衔接成分的辨析和"衔接成分释例篇"中，我尽量贯彻这个思想，充分考察某一衔接成分的使用环境和语体风格，使读者能够更明确地理解和掌握衔接成分的使用规则和语言环境。

以上三点是本书所追求的目标。至于是不是达到了这个目标，就只能由读者评说了。

这本书能够写成、出版，首先要感谢我的丈夫邢向东教授。本书中探讨的许多问题，都是我们平时讨论或饭桌上聊天儿的话题。他写文章的时候，常问我"某个词最简单的意思是什么"，或者"某种说法丰镇话怎么说"；常鼓励我"语感好，回答学生的问题干净利落，简单明确"。我看书、备课的时候，也经常向他讨教对某一问题的理解和看法。他启发我把自己在教学中发现的问题和备课时思考的东西整理出来，加以系统化，写成研究文章。在本书的写作过程中，他又提了许多好的建议。因此，这个成果里有他的一份功劳。

我还要感谢教过的众多研究生和留学生。教学是我享受专业魅力的时刻，也是最开心的时刻。学生在课堂上提出的许多"刁钻"的问题，有不少成了我要想办法解决的课题。学生的问题和需求给了我灵感，给了我解决问题的不竭动力。这本小书如果能在研究生和留学生的教学中起一点作用，那将是对作者最大的褒奖。感谢同事许端老师，她为我提供了不少教材和学生作文中的例句，充实了本书的内容。

感谢陕西师范大学中国语言文学"世界一流学科建设"项目、陕西师范大学优秀学术著作出版基金和陕西师范大学国际汉学院对本书的资助。感谢商务印书馆出版这本小书。尤其要感谢责任编辑史慧敏女士，她的专业精神和严谨作风，保证和提高了本书的质量。

在本书即将付梓之际，不由得回想起刚刚从事对外汉语教学时的情景：生怕自己不能胜任的紧张，备课时查词典、找资料的辛苦，写得密密麻麻的教案，"恶补"专业时埋头读书的场景。多年来，教学受到学生的肯定和喜爱，足以证明这一切辛苦都是值得的！人一辈子能做好一件事不容易，好在我没有虚度时光。今虽年过半百，但学无止境，还须将学习进行到底！

周利芳

2021 年 8 月 15 日

图书在版编目（CIP）数据

以汉语教学为背景的语篇衔接成分研究 / 周利芳著.
—北京：商务印书馆，2021
ISBN 978-7-100-20472-9

Ⅰ.①以…　Ⅱ.①周…　Ⅲ.①汉语—对外外语教学—
教学研究　Ⅳ.① H195.1

中国版本图书馆 CIP 数据核字（2021）第 224260 号

以汉语教学为背景的语篇衔接成分研究
周利芳　著

商 务 印 书 馆 出 版
（北京王府井大街 36 号　邮政编码 100710）
商 务 印 书 馆 发 行
北京顶佳世纪印刷有限公司印刷
ISBN 978-7-100-20472-9

2021 年 11 月第 1 版　　　　开本 710×1000　1/16
2021 年 11 月北京第 1 次印刷　印张 15½

定价：76.00 元